OBSERVATIONS

CRITIQUES

ET PHILOSOPHIQUES,

SUR LE JAPON,

ET SUR LES JAPONNAIS.

A AMSTERDAM,

Et se trouve A PARIS,

Chez KNAPEN & fils, Lib.-Imp. de la Cour
des Aydes, au bas du Pont S. Michel.

M. DCC. LXXX.

PREFACE.

IL n'est presque point de Nation sous le Soleil , que nos Philosophes géographes n'ayent fait passer en revue dans leurs profondes & brillantes recherches ; la Nation Chinoise est celle que l'on a étudiée avec plus de constance & plus d'entousiasme. J'ai cru que le Peuple Japonnais n'était pas moins digne de l'attention européenne. Les Mémoires que nous possédons sur le Japon ne sont peut-être pas tous également

dignes de foi ; depuis l'ex-
pulſion des Chrétiens , il
a toujours été fort difficile
de ſe procurer des connaiſ-
ſances capables de nous convaincre de la vérité des ré-
cits , ſoit des Miſſionnaires,
ſoit des Voyageurs ; mais
quoique l'on pénétre plus
facilement à la Chine , quoique pluſieurs Mandarins de
ce vaſte Empire ayent quelque teinture du Chriſtia-
niſme & des Langues euro-
péennes , tout ce que l'on
débite de la Religion , des
mœurs , des productions même territoriales de la Chine,
n'eſt point évidemment cer-

tain : il y a même à parier
cent contre un, que *les im-*
postures de l'Histoire ancienne
& prophane sont en plus grand
nombre, que les vérités,
dans les Dissertations, Essais,
& autres monuments écrits
dont on régale le public depuis plusieurs années ; ce n'é-
tait pas sans raison que des
Ecrivains éclairés, mais peut-
être un peu trop violents,
relevaient avec avantage la
partialité d'un certain critique
universel, qui prétendait
chasser la certitude de nos
Histoires sacrées & propha-
nes, tandis qu'il lui élevait
un Trône dans des disserta-

tions fingulières fur l'antiquité des Chinois , dont il
n'entendit jamais la langue ;
quoi qu'il en foit, on ne peut
exiger fur l'un & l'autre peuple que des *apperçus* plus ou
moins exacts , nous en favons
affez fur les Japonnais , pour
nous amufer des fingularités
qu'on leur prête , pour connaître certaines qualités qui
nous manquent , enfin pour
apprécier à leur jufte valeur les
caractères qui différentient
les peuples des quatre parties
du globe.

Plus on approfondit les
Loix, les ufages, les mœurs,
la religion des Japonnais ,

plus on y remarque de traits
reſſemblants avec pluſieurs
Nations de l'Europe ; ils ont
à bien des égards un dégré
de ſupériorité , qu'on ne ſaurait leur conteſter. Une fermeté vraiment ſtoïcienne ,
un amour impétueux de la
liberté , des principes héroï-
ques de la plus ſage morale
ſemblent les rapprocher des
Anglais ; ainſi que les Français, ils aiment paſſionnémenc
le luxe & la ſomptuoſité dans
les Fêtes & *le train de mai-
ſon* ; à l'humeur voluptueuſe
de l'Italien , ils joignent la
gravité Eſpagnole ; & la bonne foi qu'ils font paraître dans

les affaires ne leur est pas
moins naturelle qu'aux Alle-
mands ; j'ajoute qu'ils ont
moins de défauts que nous ,
qui paraissons ne souffrir d'é-
gaux qu'avec peine dans tout
ce que l'on nomme vertus ,
vices , sciences & autres
qualités. C'est , dira-t-
on , pousser un peu loin
l'éloge & le parallèle : je suis
encore fort au - dessous de
mon sujet , si l'on en croit
ce que les Missionnaires
ont écrit , lorsque tout leur
riait dans cet Empire , où
l'Evangile leur avait ouvert
la plus brillante carrière.
Leurs lettres , leurs relations

font pleines de pompeux éloges , qui donnent aux Japonnais une supériorité absolue
sur tous les peuples de l'Univers , même en fait de gouvernement. S. François Xavier ,
vulgairement appellé l'Apôtre des Indes , homme à qui
l'on ne peut refuser beaucoup
de courage , & de grandes
vûes , en a parlé sur ce ton ;
ses successeurs tinrent le même langage ; & nous ne
voyons pas qu'ils se soient
dédits , même après avoir
été expulsés du Japon.

Après tout, quand je con-
sidérerais les Japonnais sous
un point de vûe trop favo-

rable , ferais-je plus digne de blâme que les Hiftoriens Ef- pagnols , qui ont placé leurs concitoyens au - deffus des autres peuples de l'Europe ; que V… qui ne voit de fages & d'heureux que chez les Chinois , que L… qui fe paffionne pour la Perfe & les Perfans. On jugera d'ailleurs de l'équité & de la préférence par l'expofé que je ferai de leurs religion , caractères , mœurs , loix & gouverne- ment.

Je pafferai fous filence les queftions innombrables agi- tées entre les Géographes fur la forme extérieure du Japon.

Que cet Empire ſoit un ar-
chipel , qu'il tienne au con-
tinent par une communica-
tion de plain pied avec la
terre de Jeſſo , c'eſt ce qu'il
importe peu de ſavoir ; la
lettre trop diffuſe de Deliſle ,
qui ſert au moins à groſſir
le grand Dictionnaire Géo-
graphique , n'eſt point auſſi
démonſtrative qu'on pour-
rait le croire. Les raiſons de
ceux qui tiennent à l'opinion
contraire , (ſans doute pour
en avoir une) , ne ſont pas
indignes de réplique ; ainſi
n'écrivant point en contro-
verſiſte , je laiſſe-là le *pour* &
le *contre.*

a vj

Les Philosophes Géographes du siècle ont cru voir dans les Chinois un peuple de sages , éclairé des plus pures lumières de la raison , autant admirable par la belle simplicité de ses loix , que singulier par l'étonnante variété de ses usages. A mon tour je trouve ou crois trouver dans les Japonnais tout ce qui peut former des Philosophes heureux , c'est-à-dire , de sages & prudents Epicuriens. A coup sûr ils sont moins intéressés que les Chinois , dont les friponneries dans le commerce déroutent souvent l'industrie européenne ; & si

je ne craignais le reproche
de partialité, j'irais fouiller
jufques dans les obfcurs monuments de leur origine, pour
leur attribuer une antiquité
plus reculée que celle des
Gaulois nos pères, ou nos
ferfs. Mais qu'ai-je befoin de
recourir aux chimères pour
donner du relief à la Nation
Japonnaife ? La fageffe d'un
peuple n'eft point une affaire
de chronologie ; on fe chicane fur la manière dont les
différentes contrées de l'Univers fe font peuplées ; quand
on découvre une Ifle jufques-
là inconnue, on s'agite, on
s'inquiète pour concevoir

d'où font venus les Sauvages qui l'habitent , & on ne demande point qui a planté les arbres qui l'ombragent , les plantes qui y croiffent. Curiofité frivole ! L'inutilité des recherches devrait fans doute rebuter ce que l'on appelle *efprits judicieux* ; mais par malheur , c'eft ce qui aiguillonne plus fortement encore des gens qui ont horreur d'une invincible ignorance.

Comme je ne fuis pas au rang des vaftes génies qui veulent que rien ne leur échape, je ne difcuterai point l'origine des Japonnais ; qu'on les faffe defcendre des

Tartares ou des Chinois, je ne m'y oppofe point ; mais il eſt certain que s'ils ſont les deſcendants ou des uns ou des autres, ils ont perdu toute eſpèce de rapport moral avec eux.

Il eſt aſſez étonnant que les Hollandais ſe ſoient ſi peu appliqués à connaître le génie & les mœurs des Japonnais, avec leſquels ils font encore un commerce avantageux, quoiqu'à des conditions fort onéreuſes. Le métier de Négociant n'eſt pas, je l'avoue, fort favorable aux Sciences ; mais les Vaiſſeaux Marchands peuvent porter un homme de lettres comme un mousse , & le Gouvernement Hollandais est assez riche pour récompenser celui qui sacrifierait son temps & sa sûreté à l'acquisition des plus utiles connaissances. Rien ne s'opposait à ces recherches dans les commencements de leur trafic en ce païs ; la jalousie des Espagnols & des Portugais , loin de les intimider , était un motif de plus pour les engager à connaître une Nation dont ils espéraient des avantages si précieux , & à laquelle on s'efforçait de les rendre odieux. Ce défaut d'émulation littéraire nous a livré presqu'aux seules relations des Jésuites & de quelques Portugais, qui n'avaient ni les lumières ni la religion des Jésuites. Les Espagnols ont écrit à leur manière, ils ont adroitement déguisé les sottises qu'ils ont commises dans ces Isles fameuses. Ils voilent habilement la cause des malheurs que le Christianisme naissant éprouva ; ce n'est pas qu'on ne devine les motifs qui portèrent les Japonnais à exterminer de la manière la plus cruelle le nom chrétien, & tout ce qui y avait un rap-

port même indirect. Personne
n'ignore aujourd'hui que l'in-
satiable avidité , l'ambition
effrénée , la hauteur déplacée
des Espagnols , ont été les
premières causes des révolutions sanglantes qui ont agité
le Japon ; mais nous n'en
sommes pas plus instruits sur
le fond des révoltes qui ont
précédé la fameuse catastro-
phe , ce qui néanmoins aurait répandu un grand jour
sur l'histoire de l'esprit & du
cœur des Japonnais ; est-il
équitable de ne juger d'un
peuple que sur le rapport de
ses ennemis ? Si nous n'avions
dans Kœmpfer & dans quel-

ques relations sèches , mais très-souvent véridiques des Hollandais , de quoi redresser les faux pas des Espagnols & des Portugais , nous n'en saurions pas plus sur le Japon , que l'on n'en sait sur le Thibet. Au reste avec des guides peu sûrs on marche à tâton ; heureux quand on ne s'égare pas toujours & sans retour. (1)

____

[1] Je ne prétends point enlever indistinctement à toutes les relations des Voyageurs , aux Histoires données par les Missionnaires , surtout à celle du Pere Charlevoix , l'autorité qu'elles ont obtenu dans un public impartial & éclairé. Mais j'observerai que les premiers monuments écrits sur le Japon doivent être

préférés aux modernes compilations, dans lesquelles on retrouve à chaque page l'humeur, la haine des Auteurs aveuglés par le préjugé national. Depuis l'expulsion malheureuse des Chrétiens de l'Empire du Japon, les Ecrivains Espagnols & Portugais, & ceux d'entre les Français qui les ont copiés, s'emportent en invectives contre la Nation Hollandaise. Les Hollandais eux-mêmes, soit pour se justifier des imputations odieuses, dont on les noircissait, soit pour goûter la satisfaction de récriminer, ont supposé des intentions, que les Missionnaires étaient bien éloignés d'avoir. Ainsi on ne doit point prendre obstinément un parti dans une matière où la jalouse envie a joué un si grand rôle.

OBSERVATIONS

OBSERVATIONS

CRITIQUES

ET PHILOSOPHIQUES,

SUR LE JAPON,

& sur les Japonnais.

CHAPITRE I.

De la Nature du Gouvernement Japonnais.

IL est plus que probable que le Gouvernement Japonnais a toujours panché vers l'autorité absolue, autorité moins tyrannique que celle des Princes de la race Ottomane, & plus

A

illimitée que la puiſſance ordinaire &
bien entendue des Monarques. Ceux
qui donnent pour premier Roi du
Japon, un Mèdecin intrigant, jetté
par hazard de la Chine dans ces Iſles
fameuſes ; & ceux qui placent ſur le
Trône Japonnais un deſcendant
immédiat de Noé, auparavant domi-
cilié en Tartarie, conviennent tous
que ce Souverain, quelqu'il fût, jouiſ-
fait d'un pouvoir abſolu ; les Japonnais eux-mêmes confirment la vrai-
ſemblance de cette conjecture par
tout ce qu'ils racontent de leurs
premières dynaſties ; on ſçait que
preſque tous les Aſiatiques ſont fa-
miliariſés avec le deſpotiſme : on
dirait que l'eſclavage eſt une diſpo-
ſition naturelle de leur ame, & qu'ils
naiſſent ſans aucune idée de cette
magnifique indépendance, que nous

considérons (1) comme un caractère distinctif de l'humanité , tant nos lumières sont supérieures à celles des Habitants de la majeure partie du globe. Cette façon de penser, si différente dans des êtres de même espèce, ferait-elle l'effet de l'influence du climat ?

Les Japonnais qui ne connaissent que le pouvoir absolu, ne conçoivent rien dans ces mots, *Aristocratie*, *Démocratie* ; ils n'ont pas même une opinion favorable des peuples qui obéissent à un maître de leur choix, ou à plusieurs de leurs concitoyens auxquels ils confient & ôtent librement la souveraine puissance ; tel est l'empire du préjugé national ; il se met à la place de la loi naturelle , & circonscrit la raison dans des limites si resserrées , qu'elle n'a plus fur l'efprit que des droits précaires.

Si dans les fiècles les plus reculés on a toujours vû des Empereurs au Japon, on a dû également y voir des troubles, des féditions, & tous les fléaux que l'anarchie, fuite inévitable de l'abus du pouvoir illimité, entraîne après elle. Les Hiftoriens de ce coin de la terre nous apprennent que chaque Province avait un Souverain, mais que tous ces Rois en reconnoiffaient un d'entr'eux pour Empereur, auquel ils rendaient un hommage d'autant plus libre, qu'ils l'obligeaient plus facilement à céder à leurs forces, ou à leurs vœux réunis. Ce n'était qu'un maître de peu de conféquence, tel à peu-près que l'Empereur du Mogol, réduit aujourd'hui au fafte d'une couronne chancelante, depuis qu'un Perfan, fameux

par son brigandage & ses cruautés ,
a porté dans l'Indostan , avec le fer
& la flamme , l'esprit de révolte , accompagné de l'impunité.

Mais comme le temps & la politique operent souvent des changements
qui semblent tenir du miracle (2) ;
cet Empereur du Japon , tant honoré
& si peu craint , enchaîna ses superbes
& trop-puissants Vassaux. Il parvint
même à étayer le pouvoir temporel
de la puissance spirituelle , & se fit
Prêtre - Roi : tenant ainsi sous son
double glaive les consciences & les
corps ; l'amour de l'indépendance
chez les Japonnais se réduisit bientôt à une stérile & impuissante spéculation.

Une révolution singulière ren-
versa cependant ce colosse de puissance , on peut en voir le principe

& le dénouement dans le Jésuite Charlevoix, Ecrivain infatigable & assez véridique. On voit tout-à-coup la thiare se détacher du sceptre, un Général d'armée s'emparer de celui-ci, & laisser généreusement l'autre avec l'encensoir au *Dairo*, (c'est le nom de l'Empereur spirituel du Japon.) Cet Officier, appellé *Cubo*, nom affecté aux Empereurs temporels, se déclara hautement le Législateur de la Nation qu'il voulait régenter. Dès - lors toutes les affaires se porterent à son Tribunal, où il enchaîna la fortune & la liberté des Japonnais ; il permit que l'on rendît les honneurs divins au Dairo, qu'on le regardât comme un oracle infaillible dans les matières de religion ; & le souverain immédiat des ministres des Autels ; mais par de sages réglements, il tint en bride le zèle religieux. Il ne pouvait affermir la couronne qu'il s'était mise sur la tête, qu'en mettant le Dairo dans une dépendance absolue ; on sçavait au Japon, comme ailleurs, que le prétexte de religion expose souvent les Princes foibles ou complaisants a descendre d'un Trône acquis par le droit de la naissance, ou arraché à la pointe de l'épée (3) ; c'est ce qui le porta à lier les mains de celui dont il baisait les pieds. (Ces prudentes loix font, je pense, plus anciennes que l'humiliation des Empereurs d'Allemagne, mais elles n'étaient point connues en Europe.) Ce n'est pas que le Cubo n'ait eu des conspirations à dissiper, des révoltes à punir, mais elles ne prirent jamais naissance dans le désir de placer le Dairo sur le

A iv

Trône d'où il avait été précipité.
Les Japonnais le révèrent comme
un demi-dieu , mais ils font intimement convaincus que fon règne n'eft
pas de ce monde : ils vivent dans
une conftante fidélité envers le Cubo ,
& lorfqu'ils ne peuvent porter fon
joug tyrannique , ils n'appellent jamais le Daïro à leur fecours , mais fe
font un autre cubo.

Le pouvoir dont celui-ci eft re-
vêtu n'eft pas entièrement illimité ,
quoiqu'il foit fort étendu. Il exifte
des Loix , barrières refpectables que
les Cubos n'ont jamais franchi , qu'ils
n'ayent payé de leur vie ou de leur
trône cette criminelle témérité. Il
faut l'avouer , à la gloire des Souverains Japonnais , depuis que le Gouvernement temporel eft ifolé , on en
a vû très-peu qui ayent tenté d'op-

primer leurs sujets : cette modération est également l'effet de la sagesse
des Loix , & de l'excellence du caractère national.

Il y a peu de Loix au Japon, c'est
pourquoi la police y est exacte. Le
Cubo est maître des grandes dignités , les Gouverneurs posés de sa
main lui rendent compte de leur administration : la moindre exaction ,
dès qu'elle est connue , est sévèrement punie. Ces Gouverneurs ont
sous eux d'autres Officiers qui rendent la justice au peuple ; mais ils
ne décident, ne jugent jamais en dernier ressort ; le moindre des sujets
peut appeller directement au Souverain ; on ne connaît point ces divers Tribunaux qui sont autant de
gouffres dévorants ; le Japonnais qui
remet la décision de son affaire au

Cubo, trouve toutes sortes de faci-
lités pour faire connaître la justice
de sa cause ; il est rare cependant que
dans leurs différends ordinaires, les
Japonnais s'inscrivent en faux contre les Sentences judiciaires. Celui
qui perd son procès, reconnaît son
tort, & conserve une assez bonne
opinion de ses Juges, pour ne les
croire ni aveugles, ni injustes. D'ailleurs comme la justice n'y est point
vénale, la chicane n'y est point en
vogue. Les Gouverneurs sont amo-
vibles ; ils meurent rarement en place. Tous les ans, & quelquefois plus
souvent, ils se rendent à Yedo, résidence de l'Empereur ; & pendant le
cours de leur administration, le Cubo
retient leurs femmes & leurs enfans
comme autant d'otages de leur fidélité. Leurs appointements sont mo-

diques , mais le casuel y est considérable ; ils ne peuvent faire aucune
acquisition pendant la durée de leur
gouvernement , ni contracter des
dettes au-delà de leurs revenus an-
nuels. Ceux qui violent un seul de
ces articles, sont totalement dépouillés , & leurs richesses vont s'englou-
tir dans le trésor Impérial. Dès que
les premiers Ministres s'apperçoivent
de leur opulence , ils en préviennent
l'Empereur, qui, sans autre formalité,
exige la moitié des profits. Les dé-
dommagements suivent de près l'exa-
men des plaintes faites par le peuple
contre les Gouverneurs , si elles se
trouvent fondées ; si elles ne le font
pas , les plus opulents sont condamnés à de grosses contributions, & les
moins riches se voient surchargés d'im-
pots extraordinaires pour un temps

fixé , au delà duquel la Cour n'allè-
gue aucun prétexte pour les continuer.

Les crimes font cruellement punis
au Japon, rarement le coupable jouit
de l'impunité , & il entraine avec lui
la perte de fa famille quelque nom-
breufe qu'elle foit ; je ne prétends
pas juftifier une févérité qui tient de
fi près à la barbarie. Mais il eft certain que les grands crimes , ceux qui
ébranlent le Trône & l'Etat , exigent fouvent qu'on enveloppe dans
le même châtiment le coupable &
fes parents : cette rigueur eft habituelle au Japon, & fuppofe dans la
Nation un penchant à la révolte ;
mais partout où l'autorité arbitraire
fe fait fentir , l'amour de l'indépendance règne avec plus d'empire fur
les cœurs ; ce fentiment eft fi natu-

rel que sous le Gouvernement le
plus doux & le plus aimable, l'homme mord son frein, & ne peut pas
éviter l'impression de la contrainte
dans les actes d'obéissance que les
Loix lui prescrivent (4).

Au reste, le despotisme qui paraît
établi par les Loix mêmes du Japon
n'accable pas les Peuples; ils payent
de légers impôts, la perception n'en
est point barbare & oppressive. Le
Gouvernement veille à ce que la
paix & l'ordre règnent dans toutes
les classes de Citoyens ; il connaît
l'art de prévenir les murmures inso-
lents, qui négligés ou trop longtemps
tolérés dégénérent en révolte ouverte.
La division des emplois est immense au
Japon, parce que l'on y est persuadé
que plus les hommes puissants par
leurs charges sont multipliés, moins

la sédition est à craindre ; le secret
qui peut seul lui assurer un heureux
succès ne sçauroit se conserver au milieu d'un grand nombre de complices,
& la jalousie qui règne nécessairement
entre les Grands d'un Empire sert
plus avantageusement le Souverain
que les espions. D'ailleurs le despote
le plus absolu n'a rien à craindre de
ses sujets , quand il ne les accable
point d'impôts , quand il ne touche
point au droit sacré de la propriété
& de la liberté civile. Depuis long-
temps on n'a point vû les Japonnais
accuser leur Empereur de vexation ,
de tyrannie : & dans les dernières
révolutions les sujets qui prirent part
à la révolte n'étaient que les esclaves
de l'ambition de plusieurs Seigneurs
mécontents. Quel est l'Etat qui n'ait
éprouvé ces sortes de révolutions? Les
Républiques (5) elles - mêmes n'ont-

elles pas été agitées par les secousses
de l'intérêt & de l'ambition? Les Japonnais ont même un avantage qui ne se
trouve pas toujours dans les Etats où
l'on répète sans cesse le mot de *liberté*.
Ils ne craignent jamais pour leur fortune, cautionnée par les Loix sim-
ples, dépouillées de ces restrictions
infinies & captieuses, moyens toujours efficaces pour se l'approprier
par des confiscations arbitraires.
Hors le cas de félonie, ils peuvent
se reposer sur leurs propriétés : aussi
voit-on une espèce d'abondance
régner dans toutes les conditions.

Le bonheur actuel d'une Nation
suppose nécessairement un Gouvernement équitable ; jugeons donc de
la bonté de celui du Japon, par la
vie paisible, par l'opulence des Japonnais. Les Ecrivains, qui nous
ont fait connaître cet Etat, avouent

unanimement que ces Peuples vivent
dans une aifance éloignée de cette
affreufe mifère qui ronge les Royaumes les plus riches de l'Europe ; les
mendiants y font rares , & dans leur
mendicité ne reffentent point les horreurs de l'indigence. La plûpart ne
tendent la main que par un faux zèle
de dévotion ou par fainéantife.

Les rues, les lieux publics ne re-
tentiffent jamais de plaintes amères
contre le Gouvernement ; on n'y
répand point d'écrits fatyriques dans
lefquels fous le prétexte fpécieux de
venger les droits du peuple, on déchire impitoyablement le Prince &
fes Miniftres ; le peuple borné à fon
commerce , à fes plaifirs , ne porte
point les yeux fur des objets inter-
dits à fa curiofité ; il n'a pas même
l'imprudence ou l'inutile manie de
murmurer tout bas. Cette circonf-

pection, loin d'être produite par la crainte, est au contraire une habitude fondée sur le caractère national. Persuadé que le bonheur est circonscrit dans la sphère du nécessaire, de l'utile & de l'agréable, le Japonnais envisage tout ce qui est étranger à ses occupations, comme un obstacle ou une inquiétude chagrinante. Sa fermeté l'élève au-dessus des accidents imprévus & des prospérités étrangères : pourvu qu'il soit possesseur paisible de sa fortune, il se soucie peu des changements qui arrivent dans le Gouvernement ; c'est ainsi qu'il faut penser & agir pour vivre heureux dans tous les pays du monde. Cette tranquillité d'esprit & de cœur est d'autant plus constante, qu'elle est moins fréquemment alarmée par des Ordonnances qui menacent les biens & la liberté. Dans les temps

calmes & sereins à peine sent-il le
poids de l'autorité ; cette autorité si
étendue ne pèse même que légèrement
lorsque la guerre s'allume dans quelque Province. Qu'un semblable despotisme est aimable ! (6)

CHAPITRE II.

De la Puiſſance & des Richeſſes de l'Empereur & de l'Empire.

SI l'on juge de la puiſſance d'un Royaume par les troupes nombreuſes & aguerries qu'il entretient, ou qu'il peut lever en toute occaſion, par la force naturelle de ſa ſituation, par l'abondance des reſſources intérieures, & par l'indépendance abſolue de tout ſecours étranger, il faut convenir que le Japon eſt l'Etat le plus puiſſant du globe. L'Empereur peut au premier ſignal raſſembler ſous ſes drapeaux quatre cents mille hommes, ſoldats dès le berceau, que les périls & la mort n'épouvantent point, en qui l'audace jointe à la valeur fait de chaque soldat un Achille. Dès que l'ordre eſt émané du Trône , les troupes accourent aux lieux marqués ; point de lenteur dans leur réunion : les Seigneurs , obligés de fournir autant de militaires que leurs richeſſes leur permettent d'en armer , ſe font un devoir & un mérite d'exécuter ſans délai les ordres du Souverain. Quelles difficultés n'éprouverait pas le Monarque Européen qui ſerait forcé de convoquer ce que nous appellons *ban* & arrière-*ban* ?

Les frontières du Japon ſont à l'abri des incurſions. La mer qui environne ces Iſles fameuſes eſt une barrière impénétrable à la valeur la plus téméraire ; pleine d'écueils & preſque toujours agitée par des vents inconſtants & furieux , elle n'offre aux ennemis qu'un tombeau aſſuré ;

les Golphes & les Havres du Japon
ne fçauraient garantir les vaiſſeaux
Européens du naufrage, quand même ils pourraient y parvenir ſans
danger, le peu de profondeur de la
mer eſt un obſtacle que les Hollandais ſi habiles dans la navigation
ne franchiſſent qu'avec les plus vi-
gilantes précautions. En ſuppoſant
que l'on peut conſtruire des bâtiments
propres à ces parages, les vents ſont
ſi incertains, & les pointes de rochers
cachés ſous l'eau ſi multipliés, qu'une
flotte nombreuſe ſerait ſans ceſſe ex-
poſée à périr. D'ailleurs, les Japonnais ſont actifs & prudents ; les Iſles
détachées qui environnent les plus
grandes ſont pourvues de forts & de
ſentinelles ; on a toujours infructueu-
ſement tenté la conquête du Japon.
Les Chinois ne ſe ſont plus portés
vers une proye qui leur a plus d'une
fois échappé.

Les reſſources des Japonnais ſont infinies : ils ſe ſuffiſent à eux-mêmes pour les beſoins de la vie ; pour ſe défendre ils n'ont qu'à ſeconder la nature qui les a mis à l'abri de toute ſurpriſe. La garde exacte que l'on fait dans les quatre Iſles qui giſſent derrière celle de Tuſſima & d'Iki paraît même inutile ; car celui qui en ſerait maître courrait riſque de périr faute de vivres ; qu'avait-on beſoin de mettre des ſoldats en vedette juſques dans les Iſles de Gotte , & depuis le Cap de Sangaar qui eſt dans la mer de Corée & à l'entrée du détroit auquel il donne ſon nom , juſqu'à celui de Taagaſaaki , ce qui forme à peu-près le contour du Japon ? Les troupes que l'on y place ne peuvent être que très - difficilement ravitaillées ; elles ſeraient perdues ſans reſſource , ſi on les attaquait. D'ailleurs la con-

crête d'une de ces Ifles coûterait
plus de monde & plus de dépenfes
que la guerre la plus ruineufe. Les
Chinois n'ignorent point qu'au Japon
les hommes ne fçavent que vaincre
ou mourir ; les Efpagnols des Ifles
Manilles n'ont point de forces capables de faire réuffir une conquête
auffi difficile ; les peuples de Corée,
même unis aux Chinois , ne fçauraient vaincre les obftacles que la
nature & la vigilance leur oppofent.
Concentrés dans un coin du globe,
les Japonnais bravent l'avidité &
l'ambition de leurs voifins ; ils ont
des Tributaires , & ne le font de perfonne ; les peuples de l'Ifle de Mat-
manka , qui ne font féparés de la
grande Ifle de Nipon que par le détroit de Sangaar , reconnaiffent
l'Empereur du Japon pour leur premier Souverain , & lui payent un

tribut annuel qu'ils envoyent à Nimbu dans la Province ou Gouvernement d'Oxa ; du reste ils n'ont avec lui aucune relation , vivent selon leurs loix & coutumes , & ne se mêlent jamais des affaires de son Empire.

De plus , les Japonnais ne font point jaloux de reculer les limites de leur domination. Qui pourrait les empêcher de s'étendre jusques dans la terre de Jesso , dont ils sont voisins , puisqu'ils possèdent neuf Isles situées entre le détroit du nom de cette terre & celui de Sangaar ? Ils y envoyent des colonies de temps à autre ; rien de plus facile pour eux que de mettre sous le joug des peuples soumis à un Prince Tributaire du Japon. Mais leur valeur n'est point aiguillonnée par l'avidité des conquêtes ; jaloux de leur indépendance ,

dance, ils refpectent le fentiment ou le défirent dans les autres ; fi quelques-uns d'entr'eux ont porté la terreur & le ravage dans des Pays Etrangers, le gros de la Nation les a défavoués.

Les richeffes d'un Etat s'annoncent à l'air d'opulence qui eft répandu fur toutes les conditions. Mais ces richeffes ne font vraiment eftimables, qu'autant qu'elles coulent du fonds du pays qu'elles embelliffent comme de leur fource. Or tout ce qui fournit aux befoins, au luxe le plus brillant, fe trouve au Japon, qui de fon fuperflu enrichirait des Nations entières.

Avant que de parler dans le détail des diverfes branches de richeffes territoriales, qui mettent les Japonnais à l'abri du befoin, jettons un coup d'œil fur les revenus de l'Em-

B

pereur ; depuis la féparation des deux fceptres, les domaines de la Couronne ont été affectés à la dignité de *Cubo*, qui eft aujourd'hui l'unique Empereur temporel ; le Daïro a des revenus fixés, dont la plus grande partie confifte en cafuel, ainfi que je l'expliquerai dans un autre endroit.

Les domaines primitifs de l'Empereur confiftoient dans la poffeffion immédiate des Provinces de Gamatfuro, de Jamatto, de Kawatfii, d'Idfumi, & de Sitzu, dont Meaco eft la Capitale. Depuis la dernière révolution, on y a joint dix autres Provinces, ce qui forme une augmentation confidérable de revenus. Kœmpfer les fait monter à plus de quatre cents fept millions de florins Hollandais ; ce qui donnerait plus de huit cents millions, monnaye de France. François Caron qui a

porté plus loin le calcul par l'énumération exacte qu'il a eu occasion
de faire des revenus de chaque Province, ne s'éloigne pas beaucoup du
compte de Kœmpfer. Mais les richeffes de Cubo-Sama ne fe bornent pas
au produit annuel du domaine Impérial ; les mines & le commerce les
augmentent prodigieufement. Les
taxes & les impôts, quoique très-
modiques, enflent encore l'état des
revenus impériaux, parce que le
Japon eft extraordinairement peuplé. Tous les impôts ne tombent que
fur les propriétaires & les habitants
des Villes, où les maifons payent à
raifon du terrein qu'elles rempliffent,
c'eft-à-dire, tant à la toife quarrée ;
méthode très-fage qui devroit être
fuivie ailleurs, fur-tout quant aux
châteaux, maifons de plaifance,
parterre, &c. Les terres enfemen-

cées font affujetties à une taxe qui
fe paye en nature , & cela eft dans
l'ordre ; cette taxe équivaut au hui-
tième du produit ; on paye pour les
bois une rente foncière , ordinairement de trois pour cent. Il n'eft
point queftion de capitation dans
les campagnes , mais feulement dans
les Villes , où cependant elle ne fe
lève fur les propriétaires que tous les
huit ans ; cette capitation eft à peu-
près de trois florins d'Hollande. Ces
impôts ne varient point au gré des
Miniftres ; les Edits burfaux n'ef-
frayent ni le laboureur ni l'ouvrier.
Perfonne ne craint d'améliorer fon
fonds; on fçait ce que l'on doit payer,
& on fe conforme gaiement à la Loi ;
on fçait de plus que l'Empereur ne
prodigue fes tréfors ni à fa femme ni
à fes courtifans. Ainfi point de mal-
totiers ; & comment pourraient-ils

y exister, le vol y est si sévèrement puni !

Dans la plûpart des Etats de l'Europe, l'impôt est toujours moins onéreux au peuple que la perception. Le particulier, taxé par exemple, à trois florins, sçait qu'il ne s'en porte qu'un & demi au trésor royal, & c'est ce qui l'afflige, cela est-il étonnant, dès qu'il paye. Les sangsues publiques regardent cette pillerie comme leur patrimoine ; & ils connaissent si bien l'art de voler leur maître & leurs concitoyens, qu'ils forcent souvent le premier à les laisser en place, & les autres à se taire. Au Japon l'Empereur connaît le nombre des taxés, & la quotité de leur taxe, par conséquent il reçoit tout, & les Gouverneurs, chargés de faire la levée des impôts, n'oseraient se payer par leurs mains ; le

moins qui pourroit leur arriver , ce
seroit d'être éventré ; car on n'y fait
point de façon ; un fripon de quelque rang qu'il soit n'est pas ménagé
dès qu'il est connu. Ces Gouverneurs
doivent faire servir une partie de
leurs revenus qui sont amples aux
frais de perception ; ainsi les Japonnais ne payent ni Receveurs ni Ré-
gisseurs. Cette méthode est trop simple pour nous , gens de goût & de
finesse , qui avons trouvé le rare ta-
lent de compliquer tellement l'article des finances que le diable le plus
clair-voyant n'y verroit goutte. (7)

Le train de l'Empereur du Japon
est des plus somptueux ; les dépenses
de sa maison sont immenses ; que
penser des dépenses publiques qui
sont à sa charge. Tous les Historiens
conviennent cependant qu'il ne mange chaque année que trois mois de

ſes revenus ; & ailleurs les Princes ſe croyent dans l'ordre quand ils n'ont abſorbé que deux années d'avance. Tant eſt vrai le proverbe populaire, *chaque pays chaque guiſe*. On ne ſçait point au Japon ce que c'eſt que dette nationale ; les Anglais devraient bien par le canal des Hollandais tirer de là des leçons d'économie ; peut-être y apprendraient-ils la manière de dégager le crédit de deſſous la dette qui l'accable de ſon poids. (8)

Des hommes calculateurs de profeſſion auront peut-être de la répugnance à croire que les revenus de Cubo-Sama ſont auſſi conſidérables ; mais qu'ils daignent réfléchir qu'on n'a pas toujours eu une connoiſſance exacte de l'étendue de l'Empereur Japonnais , que ſi la Chine eſt plus vaſte, le Japon recèle moins de terres incultes , des mines

plus abondantes, & mieux exploi-
tées, la pêche plus fructueuse, &
la population proportionnellement
plus forte. Les Géographes les plus
exactes donnent à la Chine 680 lieues
de longueur, & 400 à peu-près de
largeur; le Japon est bien moins
étendu; mais il faut observer que la
plûpart des Ecrivains ont erré dans
l'estimation qu'ils ont fait de sa grandeur; les uns ne prennent pour le
Japon que l'Isle de Niphon ou Nipon qui seule a 215 lieues de longueur sur 110 de largeur; les autres
confondent toutes les Isles, de manière que leur véritable étendue reste
dans l'obscurité. S'il est vrai que l'Isle
de Niphon a 215 lieues de longueur,
on ne peut fixer à ce nombre de
lieues l'étendue du Japon, puisque les Isles de Xicoto & de Ximo,
très-considérables par elles-mêmes,

n'y font pas comprifes. De Saxuma,
ville d'une Province de même nom,
fituée dans l'Ifle de Ximo, à Aman-
guechi, ville de la Province de Nau-
gato dans l'Ifle Nipon, on compte
91 lieues qu'il faut ajoûter aux 215
que l'on attribue au Nipon, fi l'on
veut donner l'exacte étendue de cet
Empire : les deux points qui doivent
former fa longueur, font l'Ifle de
Méaxima qui eft vis-à-vis le Cap
Nomo, & l'Ifle de *Mamura*, entre
les Caps de *Taajafaki* & de *Nabo*
dans la Province d'*Oxu* ; or il y a
plus de 330 de l'une de ces Ifles à
l'autre. On doit également prendre
la plus grande largeur du Japon depuis le Cap *Noto* jufqu'à l'Ifle de
Fatfifio, & fa moindre largeur depuis *Ako* dans la Province de *Xima*
jufqu'à *Kaki* dans la Province de
Tafima. J'ai fait cette digreffion pour

B v

détromper ceux qui refferrant le Japon dans des bornes trop étroites ,
ont peine à concevoir que cet Empire foit auffi peuplé , & produife
des richeffes auffi abondantes. On y
voit plus de Montagnes qu'à la Chine , mais il en eft peu qui né renferment dans leur fein des fources
perpétuelles d'abondance , dès que
le Japonnais peut y faire entrer la
bêche , il fçait les fertilifer.

D'ailleurs , que l'on confidère
l'immenfe population de ce pays ,
& l'on avouera que la capitation avec
le droit fur les maifons doivent fournir des fommes confidérables. Les
Villes y font entaffées les unes fur
les autres ; on en compte plus de
115 dans la feule Ifle de Ximo , &
les moins grandes contiennent plus
de mille maifons ; l'on fçait qu'il faut
un tiers moins de logement aux Afia-

tiques qu'aux Européens. Dans *Jedo*, Capitale du Japon, il y a 730 mille maisons, 180000 dans *Ofacu*, 45000 à *Awafi*, 50000 à *Sacai*, &c. Si les dixièmes, vingtièmes, tailles proportionnelles, marc-d'or, fous & denier pour livre, droits d'induf-trie, de vente & revente, &c. étaient en ufage au Japon, le Cubo feroit riche de plus de huit milliards. Heu-reufement ils ignorent cette kirielle de taxes, & l'Empereur n'en eft pas moins faftueux, le peuple moins libre & moins à l'aife. Ces finances font bien adminiftrées, & malgré les dépenfes énormes dont il eft chargé, malgré l'étalage fomptueux de fa Cour qui furpaffe en magnificence, mais non pas en délicateffe, les Cours Européennes, il fait des épargnes, que l'on traiterait de lézine parmi nous.

B vj

Je dois finir ce chapitre par une
obſervation aſſez importante, ſi l'on
ne veut pas oublier que les Souverains ſont les protecteurs nés de l'humanité. On ne ſçauroit trop admi-
rer & trop fidèlement imiter l'attention que l'on a au Japon de ne faire
tomber le poids des charges que ſur
les propriétaires, par une répartition
fidèle & toujours analogue aux
fonds des particuliers. Eſt-il équitable
en effet de ſoumettre l'induſtrie &
les talents à des droits onéreux ; ce
ſont moins les hommes que leur poſ-
ſeſſion qui doivent le tribut ; taxer
les ſueurs & le travail, c'eſt décou-
rager les talents, c'eſt faire renaître
la misère des moyens qui doivent
l'écarter. Ce que l'art invente &
perfectionne doit être à l'abri de la
domination pécuniaire ; (8) il n'y
a qu'un ſeul cas qui puiſſe légitimer

l'impôt fur l'induftrie , c'eft lorfque
la taxe , répartie fur les biens-fonds ,
ne fuffit point à l'acquit des charges
publiques , ce qui ne peut arriver
dans un Etat agricole , quand on fim-
plifie la perception des droits ; mais
dès que pour lever deux à trois cents
millions de taille , capitation , &c. on
fera obligé d'impofer cent autres millions , il eft vifible que les propriétaires ne pourront fans fe ruiner fournir aux befoins de l'Etat ; il feroit
fans doute plus avantageux aux peuples , que les Souverains prélevaffent
le quart net de leurs biens , que de
fe voir gêné jufques dans l'ufage des
chofes de première néceffité. Le Japon dont la fertilité feroit des plus
médiocres , fi l'activité des Habitants
n'y remédiait , dévorerait bientôt
& Princes & Sujets , avec la méthode
fuivie par prefque tous les Gouver-
nements de l'Europe.

CHAPITRE III.

Des Productions du Japon.

LE Japon produit bled, ris, fèves de deux espèces, & de l'orge ; on n'y connoît point ni l'avoine, ni le seigle. Les Japonnais font peu d'usage du froment, le ris leur tient lieu de pain ; il est excellent chez eux, aussi le mangent-ils sans aucun apprêt. C'est à la qualité supérieure de ce grain que l'on peut attribuer le mépris qu'ils font du pain, qui est toujours plus incrassant que le ris. Quoique les épis du bled Japonnais ne soient pas aussi longs, aussi garnis que les nôtres, le grain est plus gros, & la farine qu'il rend plus blanche & plus légère.

L'orge est destiné aux chevaux ;
les plus pauvres en font des galettes
cuites sous la cendre. Les fèves qu'ils
cultivent ont une propriété singulière ; elles excitent l'appetit lorsqu'on en mange au commencement
du repas. On se sert de la farine de la
plus petite espèce pour faire des petits gâteaux d'autant plus agréables
au goût que l'assaisonnement en est
plus délicat.

On voit au Japon toutes les plantes qui croissent en Europe, & beaucoup d'autres que nous ne possédons
pas ; quoique le millet y soit abon-
dant, il s'en fait peu de consomma-
tion, on y voit également presque
tous les animaux domestiques qui
languissent au lieu de vivre parmi
nous. Mais les bœufs Japonnais ne
font qu'une espèce de busles dégé-
nérés qui traînent la charrue, & dont

on ne mange point la viande, non plus
que celle de mouton & de porc. Je
crois cependant que les Japonnais
aujourd'hui ont pris goût au gigot ,
& que les Hollandais leur ont appris
la méthode d'engraiffer les cochons
& d'en apprêter la chair. Ils fe nour-
riffent communément de gibier qui
eft très - commun au Japon. On y
trouve par milliers les cerfs , les bi-
ches , les daims , les fangliers , les
lions , les lapins , les cailles , les per-
drix , les ramiers. Au refte , les gens
aifés font les feuls qui fe régalent
ainfi : le menu peuble ne mange que
des légumes & du poiffon. Quoique
la bête fauve abonde dans les forêts
du Japon , les terres voifines n'en
fouffrent point ; on permet au particulier de chaffer le gibier qui ravage fon champ , & le plaifir des
grands n'eft point-là un plaifir def-

tructeur de l'agriculture ; il n'y a point de Capitainerie.

On conçoit difficilement que le Japonnais , si docile à la voix de la nature & du besoin , jette le lait des vaches , & se fait un scrupule de s'en nourrir. En 1745 & en 1750 on donna à quelques commis des machines propres à faire le beurre , j'ignore si elles se sont multipliées dans les campagnes ; ce seroit une ressource précieuse pour les Japonnais , car l'huile de baleine qui leur tient lieu de lait , malgré toutes les préparations les plus étudiées , conserve toujours un goût désagréable.

Les fruits sont assez abondants , mais ils n'ont point la saveur de ceux qui croissent dans les parties méridionales de l'Europe ; cependant les Japonnais en sont avides , & les préfèrent à la viande & au poisson

Les bois les plus communs font le
pin, le fapin, le cédre, le murier
dont il y a plufieurs efpèces, entr'autres une que l'on nomme *Kadfi*,
de laquelle fe fait le papier, quoique
la manipulation de cet objet fi im-
portant aujourd'hui foit expliquée
dans prefque tous les Ouvrages qui
ont traité du Japon. J'ai cru faire
plaifir au lecteur d'en extraire le détail de M. Lambert, qui s'eft exprimé
avec précifion (Recueil d'Obferv.
tit. 11, ch. 15.) » Vers le mois de
» Décembre, lorfque les feuilles
» font tombées, on coupe les rejet-
» tons de l'année, qui font fort gros,
» de la longueur de trois pieds au
» moins : on les met en paquet & on
» les fait bouillir dans l'eau où l'on
» jette des cendres. Les paquets doi-
» vent être fort ferrés, & quand on
» les a mis dans la chaudiere, il faut

» avoir soin de les faire couvrir ; on
» les y laisse ensuite bouillir jusqu'à
» ce que les bâtons laissent voir un
» demi-pouce de bois dépouillé de
» leur écorce, que l'on fait ensuite
» sécher ; après quoi on la nétoye &
» on la laisse tremper dans l'eau pen-
» dant trois ou quatre heures : dès
» qu'elle est suffisamment ramollie on
» en racle la surface avec un couteau
» & on sépare en même temps l'écorce
» qui a une année, de celle qui est
» plus pure & plus mince. Les pre-
» mières donnent le meilleur pa-
» pier ; les secondes en font qui est
» noirâtre & qui n'est pas mauvais.
» S'il y a de la vieille écorce mélée
» avec le reste, on la met à part pour
» un papier plus grossier que les
» autres.

» Lorsque toutes ces écorces ont
» été bien nétoyées de nouveau, on

» les fait encore bouillir dans la cu-
» ve , mais on y met moins de cen-
» dres que la première fois , & tout
» le temps qu'elles sont sur le feu ,
» on les remue avec un roseau , en
» versant de temps en temps de nou-
» velles lescives , mais autant préci-
» sément qu'il est nécessaire pour
» arrêter la trop grande évaporation
» & pour suppléer à ce qui s'est con-
» sumé. Il faut continuer cette opé-
» ration jusqu'à ce que la matière
» étant devenue si déliée , qu'étant
» légèrement touchée du bout du
» doigt , elle se dissolve, & se sépare
» comme de la bourre , ou comme
» un amas de fibres.

» On lave encore les écorces après
» qu'elles ont bouilli une seconde
» fois , mais il faut y apporter une
» grande attention , car si elles ne
» sont pas assez lavées, elles ne feront

» qu'un papier groſſier, & ſi elles le
» font trop, le papier ſera fin & blanc,
» mais il boira pour l'ordinaire. C'eſt
» dans la rivière qu'on les lave, &
» on les y trempe dans une eſpèce
» de crible ; & tandis qu'elles y font
» on les remue avec la main juſqu'à
» ce qu'elles ſoient déliées à la con-
» ſiſtance de la laine ou d'un duvet
» fort doux. Mais pour faire le pa-
» pier le plus fin, on les lave une
» troiſième fois, ou plûtôt on les
» laiſſe tremper enveloppées dans un
» linge. On a ſoin auſſi-tôt d'en ôter
» les nœuds & les parties hétérogènes
» qui pourroient s'y être gliſſées, &
» on les met à part avec les écorces
» les plus groſſières pour le mauvais
» papier.

   » La matière étant bien lavée, on
» la poſe ſur une table de bois uni
» & épais, puis deux ou trois per-

» fonnes la battent avec des bâtons ;
» jufqu'à ce qu'on l'ait rendu auffi
» fine qu'on la veut avoir ; en cet
» état elle eft comme du papier,
» qui , à force d'être trempé , n'a
» prefque plus de confiftance : en-
» fuite on la met dans une cuve avec
» l'infufion gluante & glaireufe de
» ris & celle de la racine d'un petit
» arbriffeau appellé oréni qui a les
» mêmes qualités. Le tout eft remué
» avec un rofeau bien net & fort
» délié jufqu'à ce que la matière foit
» parfaitement imbibée de ces infu-
» fions. Cette compofition eft tranf-
» verfée d'une cuve étroite dans une
» plus grande. On tire de cette fe-
» conde cuve les feuilles une à une
» dans des moules de joncs , & pour
» le faire fécher à propos on le met
» en pile fur une table couverte
» d'une double natte , & l'on infère

» entre chaque feuille un roseau qui
» avance par les deux bouts, & qui
» sert à les soulever les unes après les
» autres quand il est temps, chaque
» pile est couverte d'un ais fort min-
» ce, de la grandeur & de la figure
» des feuilles de papier, & l'on met
» dessus des poids assez légers, de
» peur que les feuilles encore humi-
» des & fraîches ne se pressent trop
» les unes contre les autres, puis on
» en ajoute de plus pesants pour expri-
» mer toute l'eau. Le jour suivant
» on lève les feuilles une à une avec
» le roseau qui les séparoit, & avec
» la paulme de la main on les jette
» sur des planches longues & rabo-
» teuses, faites exprès pour cet usage,
» & elles s'y tiennent aisément à cause
» d'un peu d'humidité qui leur reste
» encore. On les expose ensuite au
» soleil, & lorsqu'elles sont entière-

» ment féchées, on les met en mon-
» ceau, on les rogne tout autour, &
» il ne leur manque plus rien pour
» être dans leur perfection. »

Cette méthode de faire le papier
n'est certainement pas aussi simple
que la nôtre, & quelques beaux que
foient les papiers Japonnais, je pré-
férerai toujours pour l'écriture &
l'impreffion ceux qui fe fabriquent
en Europe, & furtout en Hollande.
Il feroit à défirer qu'en France on
négligeât moins les papiers d'impreffion ; ils font actuellement de la plus
mauvaife qualité.

Les cèdres & les fapins font em-
ployés à la conftruction des bâtiments, les uns & les autres font élevés, unis, & fort gros ; ce ne font
pas les feuls bois du Japon ; mais
comme je ne donne pas une hiftoire
naturelle de cet Empire ; je tais un

détail

détail que l'on trouve ailleurs auffi bien circonftancié qu'on peut le défirer.

Les mines font abondantes & communes, celles d'or commencent à s'épuifer. Mais il en eft d'autres, dont un préjugé fuperftitieux, ou peut-être même la politique, arrête l'exploitation. La plus féconde des mines d'or fe trouve dans la Province de *Saxuma*. On en tire l'or par la fonte ; les deux tiers appartiennent à l'Empereur ; on lave une quantité prodigieufe de fable qui rend beaucoup de métal, & le cuivre en contient quelquefois un trentième ; le titre de cet or eft à peu près à 24 karats ; il faut bien qu'il foit commun, puifque l'ufage en eft fi univerfel au Japon, que l'on ne voit par-tout que dorures, fur-tout dans les Palais de l'Empereur & dans ceux des Gouverneurs,

C

Les mines d'argent sont encore plus multipliées & plus fécondes que celles d'or ; l'argent en est si fin que les Chinois en font un commerce considérable. Je doute que celui du Potosi soit plus pur. Toutes-fois les Japonnais en font peu de cas & le vendent avec plaisir aux Etrangers ; on prétend que l'exportation de ce métal rapporte chaque année au trésor impérial quatre-vingt mille *kobanis* (chaque *kobani* vaut vingt-trois florins hollandais.)

On voit encore au Japon un autre métal, mais factice & composé d'or & de cuivre, auquel on donne un poli si parfait qu'il surpasse en beauté ce que nous appellons similor. Les Japonnais le travaillent avec une délicatesse surprenante. Leurs armes à feu en sont garnies & ornées.

L'étaim quoique d'une blancheur

presqu'égale à celle de l'argent , est
si peu estimé des Japonnais , qu'ils
en négligent l'exploitation , quoiqu'il abonde dans les Provinces de
Bungo , de *Fooki* , d'*Inaba* , de *Ta-*
misa ; ils renoncent aveuglément à un
profit considérable , puisque les Hollandais & les Chinois en feraient une
traite habituelle. Il n'en est pas de
même des mines de cuivre , qui
font une des principales branches du
commerce de ces Insulaires avec les
Etrangers , & sur tout avec les Hollandais ; tout le cuivre qu'ils tirent
fort habilement des mines n'en est
pas également fin & malléable ; mais
ils lui donnent ces deux qualités ;
ils ne vendent que le plus chargé
d'or , réservant pour eux le plus
commun. L'Empereur retire annuellement cinq millions de réales de
huit du débit qu'il s'en fait.

Les mines de fer font communes ; celles de la Province de
Noto donnent le meilleur , qu'on
affine fur les lieux mêmes d'où on
le tire. Mais il eft cher. L'airain au
contraire eft très-rare & à un prix
exorbitant , parce que les Japonnais
font obligés de tirer du dehors , la
calamine , le *vif-argent* & le *borax* ,
minéraux que les Chinois leur four-
niffent en gagnant au moins cinquante
pour cent. Il n'y a pas plus de vingt
ans qu'ils connoiffent l'antimoine &
le fel ammoniac ; & ils ne fçavent
pas encore les apprêter , ce qui n'eft
pas pour eux un grand malheur.

Le fouffre abonde au Japon , & il
eft d'une qualité merveilleufe. Cette
quantité prodigieufe de matière ful-
fureufe répandue dans le fein de la
terre eft la caufe ordinaire des fréquents tremblements de terre qui

ravagent cet Empire , & de l'érup-
tion des volcans qui n'y font pas
rares ; l'Ifle de Souffre , en langage
Japonnais , *Yvogafima* , n'eſt compo-
fée que de ce minéral , & où en tire
une telle quantité , qu'au rapport du
Jéſuite Charlevoix , le Prince de *Sa-
xama* , à qui cette Ifle appartient ,
en reçoit chaque année vingt caiffes
d'argent , fans y comprendre le produit des arbres qui croiffent fur le
rivage.

Le fel fe trouve dans preſque toutes les Provinces où l'on voit des
ravines que l'on pourroit convertir
en falines. Le voifinage des mers contribue encore à l'abondance du fel ;
mais il eſt corrofif & déchire les
chairs au lieu de les faler. Les perles & les agathes qui n'y font pas
rares , n'ont pas dans leur genre une
meilleure qualité , les perles rouges

font des chimères : Marc-Paul de
Venife s'eft laiffé dupper comme les
autres ; les perles prolifiques du Jé-
fuite Charlevoix n'ont pas plus de
réalité. On trouve dans les Montagnes de *Tingara* des agathes qui
tiennent du faphir quant à la cou-
leur , & dont les Japonnais font à
peu près le même cas que nous faifons des marcaffites ; les Chinois les
achetent pour tromper ceux à qui ils
les revendent. On trouve effective-
ment de l'ambre gris & jaune. Les
Hollandais enlèvent le premier , les
Japonnais préfèrent le fecond. Les
coquillages que l'on ramaffe le long
des côtes du Japon font plus curieux
& plus riches que ceux des Moluques ; ils font tous deftinés aux pagodes , on en voit quelque fois qui
fervent d'ornements dans les appartements des gens riches , qui en for-

ment des grottes assez jolies. Ces ba-
gatelles n'égalent ni en beauté ni en
utilité le vernis que les Japonnais
peuvent sans présomption mettre au-
dessus de tout ce qui se fait dans le
monde en ce genre ; ce n'est cependant que la gomme d'un arbre qu'ils
appellent *urus* , laquelle se démêle
avec une huile transparente & légère.
Rien n'est plus brillant que les corps
enduits de ce vernis qui résiste fort
longtemps à la pluye ; si on l'applique
deux à trois fois sur un papier, l'eau
ne sçauroit le détremper ; il n'a que
peu d'odeur , & ne l'exhale que quand
on l'employe. Les Chinois envain
ont essayé de le contrefaire ; au reste
ils en font de très-beau.

La porcelaine du Japon l'emporte
sur celle de la Chine ; les connois-
seurs en conviennent , la différence
est sensible dans la finesse de la pâte

comme dans la blancheur ; mais elle
est de beaucoup inférieure à celle
que l'on fabrique à Sève en France.
Les Saxons en cette partie ont donné
le pion aux François , ceux-ci ont
leur revanche. La beauté des desseins , l'application des couleurs, le
brillant de l'émail , l'industrieuse
hardiesse des Ouvriers : tout assure
à cette Manufacture une supériorité
universelle. Celle de Clignancourt
commence à se distinguer. On y fabrique des pièces qui ne le cèdent
point à ce que l'on tire de plus parfait de la Saxe. On peut reprocher
aux Japonnais , ainsi qu'aux Chinois ,
d'être trop monotones dans la com-
position ; habiles imitateurs , rarement ils sont inventeurs.

L'on conçoit d'après cette analyse
des productions les plus précieuses
du Japon , que les Habitants doivent

être riches, indépendants, heureux,
que le sol fournit abondamment à
leurs besoins & même à leur luxe.
S'ils sont privés de vin, ils ne sont
point exposés aux accidents que l'usage immodéré de cette liqueur sédui-
sante entraîne après lui. Le raisin
parviendrait difficilement à une maturité parfaite dans un climat où la
tempérie de l'air est très-bizarre ; ils
lui ont substitué une espèce de bierre
faite avec le ris, dont ils boivent
modérément : la sobriété est une vertu
assez naturelle à tous les Asiatiques ;
je ne sais si elle doit retenir le nom
de vertu chez les Musulmans ; car
dans le secret ils se dédommagent de
la contrainte à laquelle l'Alcoran les
assujettit.

CHAPITRE IV.

De l'Agriculture & du Commerce du Japon.

L'ON n'a peut-être jamais aussi prodigieusement écrit en faveur de l'Agriculture, que dans le siècle où la vraie philosophie plus occupée du bonheur réel & sensible de l'homme que d'une vaine spéculation s'efforce d'éclairer le Laboureur trop-long-temps avili parmi nous. Mais tandis que le Philosophe travaille à dissiper les préjugés injustes qui flétrissent l'humanité & retardent les progrès du cultivateur, le partisan, le mal-tôtier le tourmentent, le dépouillent & l'écrasent. En vain des Monarques bienfaisants & éclairés cherchent,

inventent des moyens ſages & prudents, pour rendre la culture de la
terre plus fruĉtueuſe à l'Etat, plus
facile au particulier, on les effraie,
on répand l'alarme dans leur cœur ;
un peuple trop aiſé, oſe t-on dire,
n'eſt jamais aſſez ſoumis ; on multi-
plie les dépenſes publiques pour ag-
graver le joug des impôts ; on ima-
gine des projets toujours plus avantageux à la fortune des hommes avides qu'au Prince & aux Sujets, &
enfin l'on parvient à hériſſer de difficultés la plus utile réforme ; enſorte
qu'avec les intentions les plus droites
un Roi ſe voit obligé de différer ſans
ceſſe, & plus il diffère plus les ſang-
ſues multiplient les obſtacles ; le
Laboureur craint de porter trop loin
ſon application & ſes ſoins ; il reproche à la terre ſes plus fertiles
productions, parce qu'il n'entrevoit

C vj

dans leur abondance que l'accroissement des impôts. Sa médiocrité ne
le met pas à l'abri des surcharges ;
que serait-ce si l'on remarquait en
lui une aisance plus qu'ordinaire? Ce
n'est point ici une exclamation vague,
une satyre dictée par le mécontene-
tement; quiconque a des yeux & le
sens commun voit dans toute l'Europe les gens de la campagne toujours plus foulés, toujours plus mé-
prisés que ces citoyens fainéans qui
absorbent dans un luxe corrupteur
le fruit des travaux les plus pénibles.
Ce sont des paysans, dit-on, sont-
ils fait pour vivre à l'aise ? Ce sont
des paysans, oui, qui font le seul
métier que le crime n'a point in-
venté, qui exercent une profession
dont la noblesse est donnée par les
mains de la nature; ce sont des paysans tels qu'ont été nos pères; car,

tout bien considéré , la différence
consiste en ce que les uns ont *dé-
tellé le matin* , les *autres l'après-
dîné.* (9)

Si au Japon les paysans ne sont
pas plus considérés qu'en Europe ,
du moins n'y sont-ils pas accablés
d'impôts, forcés de remplir le ven-
tre affamé d'une légion de canaille ,
en se dépouillant du plus étroit nécessaire ; & ces fameux insulaires (10)
de l'Europe , ces Neptunes orgueilleux ' qui prétendaient tout régir ,
tout concilier , qui se donnaient
pour les modèles les plus achevés
dans l'art de l'agriculture , écrasent
aujourd'hui le laboureur , surchar-
gent de droits & d'impôts le mal-
heureux qui nourrit l'Etat, en mou-
rant de faim. Depuis que la rage du
despotisme les dévore , depuis qu'ils
se sont mis en tête de donner des

fers aux seuls Anglais qui conservent au-delà des mers l'esprit national, ils laissent tomber en friche des
terres qui produisaient, il y a dix
ans, les plus belles récoltes, & s'ap-
plaudissent d'une détérioration qui
mine sourdement leur empire chan-
celant. Malgré les cris redoublés des
Agriculteurs éclairés, on laisse en
friche, sur-tout en Allemagne & en
Espagne, les terreins les plus propres
à la culture ; au Japon il n'est pas
jusqu'à la cime même des montagnes
qui ne soit cultivée. Le fait est
attesté par ceux qui ont pénétré dans
l'intérieur des plus grandes Isles.
Depuis *Nangazaqui* jusqu'à *Méaco*,
& depuis cette ville jusqu'à *Jedo* les
environs des grandes routes ressem-
blent à des jardins, & autant que la
vûe peut s'étendre, on voit les
mêmes soins, On a remarqué que

les champs particuliers ont peu
d'étendue, qu'ils font élevés dans le
milieu en dos-d'âne, afin de faciliter
l'écoulement des eaux qui ferpentent
dans des ruiffeaux allignés autour de
chaque pièce de terre. Cette méthode de partager le terrein en petites parties eft fuivie dans divers
endroits de l'Europe ; & elle n'eft pas
la moins fage. On cultive mieux &
plus facilement, jamais l'eau ne fé-
journe dans ces fortes de champs
élevés par le milieu.

Dans l'Ifle de *Xicoco* les payfans
ont une méthode toute particuliere
de femer le ris, le froment & l'orge.
Ils fe fervent d'un rateau dont les
dents fort éloignées les unes des autres ne font point recourbées, après
avoir remué la terre avec cette ma-
chine, un homme commence dès
l'extrêmité du champ à unir la terre

avec le dos du rateau ; un autre le
suit qui sème le grain ; un troisième
armé d'une planche épaisse de trois
pouces emmanchée d'un bâton courbé par le haut bat légèrement le
terrein , & l'ouvrage est fini. Dans
les autres Provinces ils se servent des
mêmes outils pour le labourage que
les Chinois.

La récolte se fait deux fois l'année , l'une de ris & l'autre de froment : le bled est parvenu à sa maturité vers la fin de Mai ; ils le cou-
pent non avec des faulx semblables à
celles dont se servent quelques peuples de l'Europe , mais avec une fau-
cille dont le manche est long & re-
courbé par le haut. Les charrues sont
traînées par des bufles apprivoisés ,
& les Japonnais ont pour usage de
ne frapper jamais ces animaux , qui
sont fort dociles & marchent tou-

jours d'un pas égal ; il faut avouer qu'on les ménage plus que nous ne ménageons nos chevaux. Les Laboureurs Européens par un esprit d'intérêt mal entendu sacrifient les animaux les plus utiles , en ne proportionnant pas les travaux à leurs forces & à la nourriture qu'ils leur accordent souvent avec chagrin. On n'employe que deux chevaux là où il en faudroit quatre ; on les nourrit mal , on les conduit plus mal encore. Faut-il être surpris si les terres sont aussi négligemment cultivées , & si l'espèce de chevaux s'abâtardit & devient stérile ? Il en est à peu près de même des vaches & des moutons. Ces derniers ne sont presque jamais enfermés au Japon; on y est persuadé que la chair de l'animal & la finesse de la laine souffrent un échec considérable de la privation du grand air.

On ne sçauroit nier que dans une
bergerie où ils sont entassés les
uns sur les autres, les exhalaisons
grossières ne répandent sur la laine
une espèce de crasse qui en cor-
rompt la qualité. Ces animaux sont
capables de résister au froid, la neige,
la gelée ne peuvent que les améliorer. Quoique les hyvers soient très-
rudes au Japon, ils n'ont pour abri
dans les mauvais temps qu'une espèce
de hangard couvert de planches &
enfermé de clayes à la hauteur de
quatre pieds, ce qui n'empêche point
l'air de pénétrer & de purifier l'endroit des exhalaisons ou vapeurs qui
sortent de ces animaux. A quoi doit-
on attribuer la blancheur des laines
d'Angleterre ? Sans doute à l'usage
où sont les Anglais de n'enfermer jamais leurs moutons ; pourquoi donc
dans des climats tempérés de l'Eu-

rope n'adopte-t-on pas une méthode
dont on connoît les avantages même
sous un ciel plus rigoureux ? Pourquoi la routine & le préjugé l'em-
portent-ils sur la raison, secondée de
l'expérience ?

L'usage des basse-cours est inconnu
au Japon ; on ne sait ce que c'est que
volaille ; les pigeons y sont sauvages
& de mauvais goût. J'ai déja dit que
les Japonnais ne faisaient aucun usage
du lait, & que, soit par paresse, soit
par ignorance, ils se privaient d'une
denrée fort utile. J'ai ajoûté que pour
leur en procurer l'avantage, les Hollandais leur avaient découvert le
moyen de faire le beurre ; tout semble les convier à nous imiter sur cet
article. La bonté du pâturage donnerait une qualité supérieure au beurre ; & les Hollandais qui ont goûté
du lait des vaches du Japon, avouent

qu'il est très-propre à faire une crême délicate , & par conséquent des fromages exquis. Les Provinces de *Buigen* , *de Bungo* , *de Fiunga & de Fingo* dans l'Isle de *Ximo* , abondent en bestiaux d'une beauté singulière; les pâturages y sont aussi gras & plus sains qu'en Hollande. L'indulgence avec laquelle les Japonnais traitent ordinairement les animaux , en rendrait les espèces familières plus fécondes & plus fructueuses.

Ils préfèrent à l'attirail d'une basse-cour la culture des muriers , arbres utiles , dont ils ont fait d'immenses plantations. On peut avancer sans témérité que l'éducation des vers à soye est plus perfectionnée au Japon qu'à la Chine ; peut être la feuille du murier y est-elle plus délicate , peut-être aussi les Japonnais sont-ils plus habiles dans l'art de gouverner ces précieux infectes & d'en apprêter la foye que les Chinois. Le mûrier eft prefqu'auffi commun au Japon que le fapin , & cependant fa culture eft auffi foignée , comme celle des légumes ; on ne laiffe jamais croître au pied de cet arbre ni mouffe ni herbe , & la terre qui l'environne à deux pieds de diftance eft remuée fouvent , & fumée avec des feuilles fèches & les ordures des grandes routes ; on élague les branches qui fe croifent dans l'intérieur , & l'on donne au couronnement de ces arbres la forme d'une calotte parfaitement unie dans fa furface. J'ignore fi on les taille avec tant d'attention pour l'agrément de la vûe , ou par une fage prévoyance ; au moins eft-il certain de l'aveu de tous les Voyageurs , que les mûriers ne font dans aucun endroit de la terre plus beaux ni plus communs qu'au Japon.

Je ne ſaurais approuver dans les Japonnais la négligence dans laquelle ils vivent à l'égard des chevaux, qui ſont très bien taillés & fort vîtes quoique petits. Ils ne s'en ſervent que pour les palanquins, les carroſſes & pour les voyages d'appareil. On ne les ferre point, parce qu'ils ont la corne fort dure, & parce que les chemins ſont ſablés ; d'ailleurs on ne les fait aller que le pas. Il eſt inconteſtablement vrai que l'agriculture ſe perfectionnerait encore chez les Japonnais, s'ils faiſoient uſage des chevaux, tant pour remuer la terre que pour voiturer leurs denrées. Le pas du cheval eſt plus allongé que celui du buſle ; & il ſert merveilleuſement à dépêcher beaucoup d'ouvrage en peu de temps.

Malgré l'active intelligence des Japonnais dans la culture des terres, ils

feraient peu riches s'ils n'étaient également d'habiles Négociants. En vain
l'on protège l'agriculture dans les
Royaumes étendus, si l'on néglige
le commerce : cette vérité, que je
crois incontestable, met de niveau
Sulli & Colbert ; si toutesfois ce
dernier n'a pas trop négligé les champs
pour donner de l'éclat aux Villes.
Mais que l'on objecte tout ce que
l'on voudra, le commerce ne peut
parvenir à son véritable point de perfection dans les païs où regne la manie des Compagnies à privilèges ex-
clusifs, où l'on trouve trop de douan-
nes, trop de commis, où l'on parle de
contrebande, &c. La liberté indéfinie
est de l'essence du commerce, liberté
au reste qui n'intercepte point le
cours ordinaire des droits d'importa-
tion & d'exportation, qui, renfermés
dans des bornes modérées, soulagent

l'état sans affaiblir le Commerçant.
Des Ecrivains plus éclairés que moi
ont traité nouvellement cette matière à fond; je me tairai, ne pouvant
dire mieux. Les Japonnais pêchent
contre les règles du bons sens & d'un
intérét bien entendu dans cette partie si étroitement liée à la prospérité
des Etats.

D'abord le commerce intérieur du
Japon est très-libre; ce qui passe d'une
Province à l'autre ne doit rien; point
de contrebande , une concurrence
avantageuse , voilà ce qu'il y a de
mieux sur cet objet. Mais le commerce de l'Etranger est resserré dans
des bornes fort étroites ; les Chinois
apportent au Japon beaucoup plus
de marchandises que les Hollandais ;
on les visite cependant avec autant
de rigueur que celles des Européens
& les Japonnais ne peuvent les acheter

ter que quand les droits font acquittés par l'Etranger. Ces droits ne font
pas à beaucoup près auffi confidérables qu'en Europe ; néanmoins ils
procurent de gros revenus à l'Empereur , parce que les Chinois font
toujours bien fournis, & fréquentent
les ports du Japon auffi fouvent que
les mers orageufes le leur permettent. Ils reportent de l'or , de l'argent , du cuivre , du poil de chê-
vres, des ouvrages de menuiferie , &
même de la porcelaine qu'ils revendent aux Etrangers comme fortant
de leurs manufactures ; ces objets
font affujettis à des droits fort modiques. Ces droits acquittés de part
& d'autre , le Japonnais & le Chinois
jouiffent d'une grande liberté. Il n'en
eft pas tout à-fait de même du commerce que les Hollandais font en ce
païs. On taxe fouvent le prix de

D

leurs marchandifes fans attendre leur confentement; il faut céder à l'autorité qui les preffe ou reprendre les marchandifes. Il n'y a cependant aucune friponnerie à craindre de la part des Japonnais, bien différent des Chinois qui fe font une gloire & un mérite de duper les Etrangers avec lefquels ils commercent. Les Hollandais peuvent librement acheter les objets qu'ils croient plus avantageux à leur commerce ; le choix en eft libre; on ne les contraint, ni pour le prix, ni pour la quantité ; toute la gêne, dont ils font redevables aux Efpagnols & aux Portugais, ne tombe que fur les marchandifes qu'ils apportent, ou de Batavia, ou des Provinces Unies; au refte les Japonnais fe font un tort infini par toutes ces précautions extravagantes.

Les profcriptions que certaines

marchandises subissent en Europe dans les Etats où l'on prétend suppléer à leur défaut par la contre-faction, prouvent-elles plus de lumières sur les avantages d'un commerce libre & universel ? Les étoffes fabriquées en Angleterre, en Hollande, ne passent en France qu'après avoir essuyé les droits les plus multipliés ; il en est de même pour l'Angleterre & la Hollande, où en dépit du bon sens & par pure antipathie on n'admet ce qui vient de la France, qu'après avoir exigé des droits équivalents à la valeur intrinsèque de l'objet. Les Hollandais quoique moins rigoristes ne le font que trop. On donne pour motif de cette conduite l'avantage même des Nations ; rien de plus spécieux. Si on laisse entrer librement dans un Royaume les marchandises étrangères, le débit de celles qui se tirent de son fonds en souffrira. Cette objection ne peut avoir de solidité qu'autant que l'on suppose que cette liberté n'est point réciproque. Je ne sais même, s'il n'y auroit pas plus d'avantage pour les Français, par exemple, de laisser entrer librement chez eux les productions mercantiles de l'Angleterre, de la Hollande, &c. qu'à les déclarer de contrebande; car combien de marchandises françaises ne tire-t-on pas dans les pays étrangers ? La libre circulation des matières du dehors en France forcerait l'Artiste, le Fabriquant, à perfectionner ses ouvrages. Une émulation d'autant plus vive que l'intérêt serait plus pressant, réparerait bientôt les prétendus échecs qu'une semblable liberté donnerait au Commerce national. Dans le fait il résulterait

un très-grand bien d'une convention
générale entre toutes les Nations
Européennes, qui tendrait à établir
entre elles une liberté abſolue d'exporter & d'importer réciproquement
toute eſpèce de productions & de
marchandiſes. (11)

Les Japonnais, en n'admettant que
les Chinois & les Hollandais dans
leurs ports, ne pouvant d'ailleurs
exporter eux-mêmes ce qui croît,
ce qui ſe fabrique chez eux, donnent des entraves à leurs propres
richeſſes : les Chinois ſont à leur
égard des compagnies excluſives qui
leur font payer ce qu'ils apportent
beaucoup plus cher, que s'il y avait
concurrence entre les Nations. Ils
tirent leurs épices des Hollandais ; ſi
l'Anglais, le Français pouvaient eſ-
pérer un accueil favorable, il eſt
hors de doute que ces poiſons dé-

guifés feraient au Japon à plus bas
prix. C'eft donc une folle politique
de fermer l'entrée des ports d'un Etat
aux Nations commerçantes. Et pourquoi refufer au commerce extérieur
la liberté dont jouit celui du dedans ?
On peut au Japon tranfporter d'une
Province à l'autre toute efpèce de
marchandifes & de denrées fans ren-
contrer de Bureau de péage, les
Provinces appartenant au même maître jouiffent d'un privilège commun ;
& je fuis fûr que l'on ne perfuaderait
jamais aux Japonnais qu'il exifte en
Europe, dans le même Etat gouverné
par un feul maître, des différences
fingulières fur ce point entre les
Provinces ; ils ne concevraient pas
comment celles ci pourraient être
privées de certaines productions,
tandis que leurs voifines en feraient
un commerce libre & paifible. Ce

défaut de conception exiſtera chez les Japonnais auſſi long-temps que l'on n'y connoîtra point de Ferme & de Fermiers.

Je ne ſais ſi la manière dont les Japonnais trafiquent avec les Etrangers eſt auſſi ſimple, auſſi commode que celle de nos Négociants, mais on ne ſaurait déſavouer qu'elle ne prouve une bonne foi auſſi rare en Europe que l'eſprit philoſophique chez les Tartares, qui n'en ſont que plus heureux. Quand le commerce ne ſe fait point par échange, & quand l'on paye les marchandiſes en valeur courante; on ne compte au Japon ni l'or, ni l'argent. On enferme la monnaye dans des petits ſacs cachetés, leſquels ont un poids déterminé; en eſpéces d'or ils contiennent à peu près deux mille livres françaiſes; les groſſes ſommes ſe délivrent par caſ-

fettes dont chacune contient quatre
facs : ces caffettes & ces facs paffent
fouvent par une infinité de mains
fans être ouverts , tant l'on eft fûr
de la fidélité & de la bonne foi des
Marchands, qui cependant ne forment
pas une claffe fupérieure dans l'Empire ; erreur japonnaife qu'on ne faurait excufer. Les poids & les mefures
font uniformes dans toutes les Provinces , ce qui donne moins d'occa-
fion aux friponneries & aux fraudes,
& moins d'embarras dans le commerce.

La monnaye de cours dans le Japon eft partout la même ; il y en a
de trois efpèces , de cuivre, d'argent
& d'or , la forme en eft quarrée ; &
on en voit en or qui équivaut à près
de 114 liv. de notre monnaye , fi
toutes-fois le taël vaut 57 liv. car les
voyageurs ne font pas d'accord fur

ce point. Depuis l'établissement de la
Maison, assise actuellement sur le
Thrône Impérial, elle n'a ni haussée
ni baissée ; le poids en est propor-
tionné à la valeur courante & intrinsèque, ce qui rarement se trouve
ailleurs. (12)

Les Artistes du Japon sont très-
adroits ; mais ils ne sont point inventeurs de leur naturel ; les petits
ouvrages qu'ils travaillent avec une
délicatesse surprenante sont trop monotones. Ils admirent ce que les Européens fabriquent, & l'imitent avec
beaucoup de facilité, c'est ce qu'ils
ont de commun avec les Chinois,
qui dans les Arts sont de très-habiles
singes. Quand on compare les ouvrages de menuiserie & les vernis de
la Chine avec ceux du Japon, on a
peine d'abord à les discerner, mais
un peu d'attention suffit pour accor-

D v

der la supériorité à tout ce qui fort
de la main des Japonnais. Combien
d'avantages réels & permanents ne
fe procureraient-ils pas, fi une aveur
gle défiance ne les retenait captifs
dans leurs Ifles, & leur permettait
d'aller eux-mêmes étaler aux yeux
des Nations les richeffes de la nature
& de l'art.

CHAPITRE V.

Des Habillements, du Mariage,
& de l'Education chez les Japonnais.

ON dit qu'en fait de coutumes
& de modes, le Japon est l'antipode
de l'Europe ; cela est vrai à certains
égards, & n'en est pas plus fou.
D'abord la propreté est excessive
chez les Japonnais, c'est une vertu
commune aux grands & aux petits.
Le cérémonial quoique moins ridicule que celui des Chinois, est aussi
grave & aussi exactement observé.
Entre égaux ils en rabattent beaucoup ; car ils s'en tiennent aux égards
que la bienséance impose à tous les
hommes. La décence règne jusques
dans cette familiarité qu'on nomme

honnête ; les jeunes gens en Europe
ne connaissent guères cette qualité
estimable. Les Japonnais se rendent
mutuellement des visites très - fréquentes ; mais dans leurs conversa-
tions, point de médisances ingénieu-
ses, de poliçonneries grossières, de
controverses religieuses, de propos
sur l'Etat & le Gouvernement ; ces
visites n'ont point l'air d'une oisive
inquiétude qui forme parmi nous
tant d'importuns : comme ils n'ont
en vûe que de serrer plus étroitement
les nœuds d'une agréable & utile
amitié, il y a peu de contrainte dans
leur entrevûe, quoiqu'on y remarque toujours une certaine gravité
que l'Espagnol ne dédaignerait pas
d'imiter. Cette sévère retenue vient
de la grande idée qu'ils se forment
de l'humanité ; leur habillement est
relatif à cette manière de penser ; &

je ne le crois pas aussi ridicule en lui-même qu'il le parait aux yeux européens ; s'il a moins d'élégance que le nôtre', on ne peut lui refuser un tour de noblesse qui relève le port & le maintien. L'habit long est celui de tous les Orientaux, il pourrait être le nôtre sans que nous y perdissions beaucoup, les trois quarts y gagneraient ; car il y a plus d'hommes mal-faits en Europe qu'en Asie. Je ne donnerai certainement pas d'éloges à l'usage presqu'universel parmi eux de se raser une partie de la tête. Les cheveux sont sans doute un des plus beaux ornements que la nature ait accordé à l'homme. Il est vrai qu'ils se couvrent presque toujours la tête ; mais pourquoi n'en raser qu'une partie ; je ne pense point que la différence réelle établie entre l'homme de qualité & le roturier,

confifte dans la manière de faire dif-
paraître les cheveux. Car quoiqu'affez communément les nobles Japonnais fe rafent le devant de la tête ,
tandis que le peuple ne fe rafe que
le derrière ; on voit beaucoup de
Seigneurs tondus entièrement , &
d'autres ne porter de cheveux que
fur le devant de la tête. Cet ufage
bizarre n'eft point réparé par une
coëffure élégante ; car les grands
chapeaux de paille ou de bambou
dont ils fe couvrent , & qu'ils lient
fous le menton , abforbent & leur
figure & leur taille , qui communément eft affez groffe & très racourcie.
Les femmes s'en fervent avec plus
d'avantage , parce qu'elles les portent plus petits. Elles confervent
leurs cheveux , & les attachent derrière la tête avec une aiguille ornée
de diamants ; ces chapeaux leur don-

nent un air de civilité qui plaît &
intéresse. Leurs robes sont à peu près
semblables à celles des hommes ,
mais toujours plus richement ornées ;
elles dérobent la vûe de leur taille ,
ce que nos femmes ne font point ,
& elles ont raison. Les Japonnaises
cachent avec soin tout ce qui peut
enflammer un cœur amoureux. On
dirait qu'en voilant avec tant de mo-
destie une partie des beautés , que
dans l'Europe on se fait un mérite
de laisser à découvert même à quarante ans , elles prétendent irriter les
désirs des Japonnais qui savent aussi
bien que nous que de belles mains ,
un sein d'albâtre , des pieds mignons,
sont des perfections dignes des re-
gards de l'homme.

Rien de plus magnifique que leurs
ajustements, & jusques dans l'état de
médiocrité on remarque un certain

air de richeffe qui étonne. La vanité
ferait-elle donc innée dans les femmes ? Les belles prétendent relever
l'éclat de leur beauté par un attirail
pompeux d'ornements , les laides
croient par ce moyen fuppléer aux
graces qui leur manquent. Au refte
celles des femmes Japonnaifes qui
font mal-partagées du côté de la taille
& de la figure ont un avantage dont
les Européennes font privées , car
les grandes robes cachent tout ; &
je ne penfe point qu'il ait encore paru au Japon de Traités fur la manière
de réparer dans les femmes les défec-
tuofités naturelles du corps. Lorfqu'elles fortent elles font accompa-
gnées d'un grand nombre de fuivantes , (je parle des femmes nobles
& riches) , & les fuivantes font ordinairement très jolies : elles ne craignent pas d'offrir aux yeux de leurs

maris des minois tentateurs; elles ne se
jalousent pas même mutuellement. La
connaissance qu'elles ont de la noble
fierté de leurs époux les rassure contre
tout accident; d'ailleurs elles respectent jusqu'à leurs désirs, & l'assujettis-
sement dans lequel elles tiennent les
suivantes ne donne point de prise à
la jalousie, qu'un dégré supérieur de
beauté ne manque pas de faire naître
parmi nos Dames. Il faut observer
encore que les femmes Japonnaises
sont presque toujours vis-à-vis d'elles-mêmes, & que la plûpart des maris ne se rendent auprès de leur chère
moitié que quand le plaisir les aiguillonne; ainsi c'est une espèce de dé-
dommagement qu'on leur accorde,
en leur permettant de choisir pour
compagnes des filles jolies auxquelles
elles semblent confier leurs graces,
leurs appas. Comme elles les servent

au bain , & dans les plus secrètes
fonctions , quel supplice ne serait-
ce pas pour ces femmes isolées d'être
servies par des laides & des vieilles?

Le Japonnais , quoique sincèrement attaché à sa femme , la voit
assez rarement ; mais il a des concubines avec lesquelles il prend ses
ébats , quand le cœur ou le corps l'y
porte. Il a outre cela un penchant
singulier pour une autre espèce de
plaisir qu'on ne doit pas nommer :
au reste , il se peut faire qu'il reçoive
les carresses de sa femme sans y mettre
toujours beaucoup du sien ; cela se
pratique en bien des endroits. Jamais
il ne mange avec elle , que dans les
moments heureux où elle devient
pour lui un aimant ; & lorsqu'il con-
verse avec elle , il se garde bien
de lui confier aucune affaire étrangère , aucun secret ; & je crois que

l'on doit attribuer la tranquillité qui règne au Japon à la louable habitude de ne parler point aux femmes d'affaires d'Etat. Il leur est expressément défendu d'interroger leurs maris sur ces objets , elles seraient punies de leur curiosité. En ce païs on est persuadé que les plaisirs suffisent pour occuper une femme nuit & jour ; aussi sont-elles beaucoup plus rafinées sur ce que l'on appelle *amour conjugal* que les Européennes ; elles s'étudient à captiver le cœur , les sens & l'imagination de leurs époux ; & comme elles ont à combattre les charmes des concubines , & à soutenir la qualité d'épouse légitime , elles sont infiniment industrieuses dans le manège des plaisirs , & feraient voir bien du chemin aux céladons de notre siècle. Rarement elles échouent & manquent leur proie. Elles savent

que le Japonnais hait la contrainte
dans ſes goûts , & qu'il place une
grande partie du bonheur de la vie
dans la jouiſſance de toute eſpéce de
plaiſir ſenſuel : elles ſe conforment à
ce penchant , ſe font un devoir de
le prévenir , de l'exciter , ſans mêler
jamais le plus léger reproche à leurs
voluptueuſes carreſſes. C'eſt pratiquer
à la lettre le précepte qui ordonne
aux femmes d'être ſoumiſes à leurs
maris ; & cette ſoumiſſion ne contribue pas peu au bonheur de l'homme & de l'état, à la tranquillité même
de la femme , laquelle forcée par
l'éducation d'étouffer le ſentiment
trop impérieux de la jalouſie , & de
renoncer aux intrigues que le beau
ſexe en Europe chérit plus que les
richeſſes , coule des jours ſereins dans
une délicieuſe inaction. Cette étude
de la femme Japonnaiſe à plaire à ſon

mari paraît aſſez inconcevable , puiſque le mariage au Japon eſt plûtôt
une affaire de politique & d'intérêt ,
que le réſultat d'un penchant mutuel
inſpiré par le plaiſir. Ces peuples ſeraient ſans doute inexcuſables de
ſacrifier les inclinations des contrac-
tants aux vûes intéreſſées d'une famille ou pauvre ou avare , s'ils ne
remédiaient à l'inconvénient d'une
union décidée avant la maturité de
ceux qui en ſont les objets , par la liberté qu'ils laiſſent aux époux d'ajouter à une femme légitime autant de
concubines que leur tempéramment
& leur fortune peuvent en ſoutenir :
d'ailleurs les pères en deſtinant , une
épouſe à leurs fils dès le berceau , ne
les empêchent point de la voir , lorſ-
que la raiſon & le tempéramment
ſont formés ; ils peuvent alors prendre langue & ſe connaître. Ce n'eſt

point l'usage au Japon que les enfants
résistent à la volonté de leurs parents , quelquefois ceux-ci leurs
laissent la liberté du choix , & il n'est
point tardif ; car la nature en ce païs
est précoce. Une fille se change en
femme à l'âge de seize ans au plus
tard ; quand on en est au contrat , on
stipule des présents & un douaire que
la future remet à ses parents sans
aucune réserve ; ainsi plus un père a
de filles , & de filles jolies , & plus il
est riche.

La conduite que les Japonnais
tiennent avec le beau sexe, est moins
polie que prudente ; nous qui le pre-
nons pour l'arbitre de notre sort ,
le juge du mérite , le canal des graces , nous trouvons de l'indignité
dans le procédé asiatique. Un Français surtout conçoit difficilement
comment il existe des hommes assez

infenfibles, pour exclure des affaires
celles qui de temps immémorial ont
joui du droit de tout gouverner, de
tout renverfer, de tout brouiller. Je
crois cependant, fauf le refpect dû
aux dames de l'Europe, que la façon
de penfer des Japonnais fur leur
compte eft plus raifonnable que la
nôtre. Car enfin la nature a deftiné
la femme à donner des êtres vivants à
la terre, à les nourrir, à les élever,
à contribuer par fes foins & par fa
complaifance à la tranquillité d'une
union, de laquelle elle tire fon prix
& fon mérite, puifqu'une femme
ftérile eft un poids plus onéreux encore à la fociété qu'un célibataire;
ce n'eft donc pas méprifer le beau
fexe, que de le renfermer dans les
bornes pofées par la raifon & par la
nature. Les occupations domeftiques
font affez pénibles, affez multipliées,

pour remplir les moments de la jour-
née. Si l'on dit que les femmes procurent à l'homme les plus doux plaifirs ; on peut répondre qu'elles les
partagent avec lui ; qui fait fi elles
n'en reffentent pas plus qu'elles n'en
communiquent ? Leur beauté, leurs
carreffes, peuvent-elles contre balan-
cer l'honneur & la fécondité qu'elles
tiennent de l'homme ? Les Japonnais
n'affectent aucun mépris pour les femmes, quoiqu'ils foient difcrets avec
elles ; ils les traitent même avec plus
d'égard que l'Efpagnol & l'Italien ;
car ceux-ci les enferment par ja-
loufie, les autres par eftime ; & il
faut avouer que les femmes connoiffent parfaitement ce qu'elles valent,
puifque cette efpèce de prifon dans
laquelle elles vivent n'affaiblit point
leur fidélité, ni ne refroidit leur
amour ; c'eft qu'elles font convain-
cues

eues que la nature ne les a point
placées dans la claſſe des êtres indépendants. Il y a peu d'adultères au
Japon ; l'Eſpagne & l'Italie, malgré
les verroux & les cadenas, retentiſſent perpétuellement de plaintes amères & flétriſſantes d'infidélité. Peut-
être la diſſolubilité du mariage con-
tribue-t-elle à la ſageſſe des Japonnaiſes : cependant elles ne jouiſſent
qu'imparfaitement du droit de ſépa-
ration totale ; puiſque les cas où
elles peuvent rompre le contrat ſont
auſſi rares pour elles qu'ils ſont multipliés pour les hommes. La fidélité
leur eſt ſi naturelle, que les plus jaloux & les plus inconſtants font peu
d'uſage du privilège le plus ardem-
ment déſiré par les maris de l'Europe.

Il ne faut pas diſſimuler que pluſieurs Hiſtoriens regardent le droit

E

de diffoudre le mariage comme égal ,
foit pour l'homme, foit pour la femme ; mais ils font dans l'erreur ; cette
égalité de droit n'eft pas vraifem-
blable dans un païs , où les maris , de
l'aveu de ces mêmes Hiftoriens exercent une autorité abfolue fur leurs
femmes , jufques-là qu'ils peuvent
licitement les faire mourir fur une
demi preuve d'infidélité. Il y a plus :
les femmes des grands données aux
époux de la main de l'Empereur ,
n'oferaient propofer le divorce , fans
avoir fait difcuter devant le Souverain les caufes & les motifs d'une
auffi éclatante rupture, le confentement & l'aveu du mari font encore
néceffaires : or ces formalités font
inutiles au mari , & fi les grands ne
profitent pas toujours des avantages
que la loi leur offre , c'eft qu'intimi-
dés par le Monarque , & préférant

leur fortune à la paix conjugale , ils
se relâchent sur leurs prérogatives ;
& par une cession tacite & momen-
tanée de leur droit, ils veulent s'assurer une protection qui est la base du
bonheur , ainsi que de la fortune ;
enfin Henri Hagenaar , François Caron , Directeur pour la Compagnie
Hollandaise au Japon , & les Mémoires concernant les Ambassades des
Provinces-Unies en ce païs détrui-
sent cette égalité de droit. Le divorce n'est cependant pas aussi commun qu'il est facile. Ni le pouvoir
absolu du mari , ni la contrainte & la
soumission de la femme n'altèrent une
union à laquelle président également
& l'honneur & l'amour. Si le divorce
devenait universel en Europe , on
n'entendrait parler que de libelles de
répudiations.

Chez tous les peuples de l'Univers, le mariage est accompagné de cérémonies & de dépenses. De mauvais plaisants tournent certaines Nations en ridicule, parce que, pour coucher légitimement avec une femme, on y est obligé d'en demander la permission à un homme qui a juré de coucher seul toute sa vie ; que diront-ils donc des extravagances que la religion semble avoir consacrées en Russie, extravagances qui ne le cèdent qu'aux folies Japonnaises en ce genre. En effet, au Japon le mariage se célèbre sur une montagne, où l'on dresse une tente magnifiquement ornée, si les futurs sont opulents. Sous cette tente l'on voit un autel sur lequel est posée la statue du Dieu Amida, le tout environné de lampes ardentes. Un Prêtre debout au côté gauche de l'idole, marmote à la hâte quelques prières, & donne

la bénédiction nuptiale, accompagnée
de grandes acclamations. Les con-
tractants tiennent une torche à la
main ; la femme allume la sienne aux
lampes qui brûlent devant le Dieu
protecteur du mariage , & le mari
prend du feu de son épouse pour
allumer sa torche ; cette cérémonie
terminée leur donne le droit de faire
ensemble tout ce qu'ils veulent. On
fait un présent au Dieu Amida dont
le Prêtre seul profite; mais tandis que
le Ministre exerce ses fonctions , les
gens de la nôce brisent tous les jou-
joux dont la mariée amusait son enfance , & l'on immole un buffle au
Dieu Amida , dont une partie est
consumée par le feu , tandis que l'autre est mangée par le Prêtre & ses
compagnons.

On passerait cet attirail de cérémonies à ceux qui ont besoin de

s'étourdir sur l'indissolubilité de l'engagement qu'ils vont contracter, mais que des hommes qui peuvent aussi facilement briser que former les liens du mariage, observent avec scrupule des fêtes aussi puériles ; c'est ce que l'on ne peut concevoir, à moins que l'on avoue que par-tout où le culte est plus matériel que spirituel, la superstition domine avec plus d'empire sur l'esprit des peuples.

L'éducation que les Japonnais donnent à leurs enfants est simple, mais avantageuse à la famille. On n'est pas obligé chez eux, comme en Europe, de rectifier sans cesse par de nouveaux traités les principes de l'antique éducation. Ils suivent la nature dans la première enfance, & secondent la raison dès qu'elle se développe. Il est parmi eux peu de mères qui n'allaitent elles-mêmes leurs enfants :

elles rougiraient de la barbare délicatesse dont nos dames font parade ;
elles croiraient cesser d'être mères ,
si elles confiaient à des mains étrangères & toujours suspectes, le tendre
fruit d'une union qu'elles respectent
& chérissent plus que la vie. On a
beau s'élever contre l'abus des nour-
rices à gage , on persuadera difficilement en Europe à une Marquise ,
qu'étant aussi réellement mère de
son petit Marquis, que la femme d'un
Laboureur l'est de son petit païsan ,
elle doit l'allaiter , comme fait cette
dernière. On aura beau lui dire que
tel est le vœu de la nature qui lui impose cette obligation, elle prétextera
son rang & sa fortune. Une femme
de la Cour peut-elle sans afficher le
ridicule nourrir un enfant? Que de-
viendra sa taille ? Que deviendront
ses plaisirs & sa parure ? Voulez-vous

exiger qu'elle se rabaisse à la condition de mère, tandis qu'elle voudrait que tout le monde oubliât le nom de son mari, & la prît pour une fille à marier?

Cette première tendresse des mères Japonnaises pour leurts enfans ne fait que croître à mesure que les besoins se multiplient : on ne connaît point-là l'usage des maillots, entraves cruelles qui violentent les tendres membres des enfants, & les rendent presque toujours chagrins, parce qu'ils souffrent. Combien d'ouvrages vraiment patriotiques démontrent chaque jour que la nature est opposée à la gêne & à la contrainte, que l'accroissement des membres est retardé, souvent arrêté par la violence qu'on leur fait? Cependant qui sont ceux qui se corrigent? Hommes routiniers, qui, voulant se précaution-

ner contre des accidents étrangers,
procurent des maux réels ! Pourquoi
voit-on en Europe un si grand nombre d'enfants noués, tortus, contre-
faits ? N'attribuons ces imperfections
qu'à l'usage des maillots.

Les Japonnais ne travaillent à la
culture de l'esprit & du cœur de leurs
enfants, que quand ils peuvent comprendre ce qu'on leur dit. Persuadés
que toute espèce de connaissance,
qui précède une sorte de jugement
dont on n'apperçoit des lueurs qu'à
six ou sept ans, épuise ou affaiblit
une imagination à peine éclose, ils
se bornent aux institutions purement
organiques, je veux dire à l'attitude,
à la démarche, au maintien, au langage, encore n'apprennent-ils aux
enfants de cet âge, que les mots né-
cessaires pour exprimer leurs besoins
& leur reconnaissance. Mais dès que

l'esprit se manifeste , ils s'appliquent
férieusement à leur inſtruction. La
douceur accompagne toujours leurs
leçons , & ils n'ont aucune idée de
ces châtiments cruels & humiliants
qui forment une partie de l'exercice
pédanteſque de la puiſſance Scholaſ-
tico-Magiſtrale. Il faut , diſent ces
hommes , faire aimer ce dont on veut
inſpirer la pratique.

Comme nous ils ont des Collèges
& des Penſionnats (13)? Ces Collèges
ſont tenus par des Moines , les ſeuls
citoyens , qui , au Japon , ſe chargent
de cet emploi ; au reſte le Jéſuite
Charlevoix dit que l'on commence
dans la famille par apprendre aux enfants à lire & parler correctement , &
même à raiſonner juſte. Les uns
louent , les autres blâment le zèle &
la méthode des Moines Japonnais.
Quelque parfaite que l'on ſuppoſe

l'éducation qu'ils donnent à la jeunesse, il est certain que rien n'est plus
nuisible à la littérature & à la société,
que de confier de jeunes citoyens à
des hommes qui se sont voués au silence, à la retraite, & ont abjuré les
sentiments mondains ; ces personna-
ges se sont séparés solemnellement
de leurs semblables, ont juré de combattre les maximes du monde, de
renoncer à ses usages, comment
formeront-ils des êtres destinés à vivre dans le monde ? Dira-t-on qu'au
moins ils leur donneront les premiers principes des sciences ? Mais
il règne dans chaque Ordre religieux (14) des préjugés, des systêmes, qui entravent le génie & répandent sur les talents une affreuse mo-
notonie. Il est mille objets sur lesquels un Moine ne peut aider le dé-
veloppement des dispositions qu'il

E vj

remarque dans son élève, parce que
l'esprit du corps dont il est membre
ne lui permet pas d'adopter une opinion qui n'est pas scellée de l'appro-
bation des Docteurs de l'Ordre ou
du Chapitre général. C'est néanmoins
chez certains Bonzes ou Moines que
les Japonnais conduisent leurs enfants, afin qu'ils puisent chez eux les
connoissances de l'Histoire , de la
Philosophie , des Belles Lettres , de
l'Eloquence , de la Poésie & de la
Peinture ; il faut avouer qu'ils en
sortent faiblement instruits de ces
Sciences ; ce qui me parait directement opposé au desir ardent des
pères pour la bonne éducation de
leurs enfants ; mais chaque Nation a
ses défauts. Si l'éducation monastique
au Japon forme peu de sçavants ,
elle inspire du goût pour l'étude ,
& l'on voit beaucoup de jeunes gens

à la sortie du Collège s'appliquer sé-
rieusement aux sciences , surtout à
l'Histoire , à la Morale & à la Poésie.
On ne peut refuser aux enfants des
Japonnais une justesse de raisonnement , que la logique donne rarement parmi nous , & qui chez eux
s'étend jusqu'aux actions les plus
communes de la vie. Ils font tout
avec ordre , & l'on ne saurait leur
reprocher qu'un peu trop de flegme
dans certaines choses , qui semblent
n'exiger qu'une demi-attention. Mais
est-ce un grand mal que cette gravité
prématurée dans les jeunes gens ?
N'est-elle pas cent fois plus estimable que la pétulance , pour ne pas
dire , l'impudence que la jeunesse européenne affiche dans le ton , dans
les manières, & dans presque toutes
les circonstances de la vie sociale?

CHAPITRE VI.

Divers Usages des Japonnais.

LA propreté, vertu aussi familière au Japon, qu'étrangère chez les Hottentots, éclate sensiblement dans leurs maisons, qui sont aussi bien tenues que celles des Hollandais. Ces maisons ont, au plus, sept toises de hauteur. Les tremblements de terre ne sont pas les causes uniques de cette médiocre élévation ; une loi particulière défend aux Japonnais d'exhausser leurs édifices au-delà de cette mesure. Les matériaux dont ils se servent, & la manière dont ils les disposent, ne sçauraient comporter une plus grande hauteur. Le palais même de l'Empereur n'a qu'un étage.

Quoique les carrières de pierre & de marbre soient communes au Japon, on y construit tous les bâtiments en bois ; cette bâtisse est plus propre à l'emploi des vernis admirables, dont les Japonnais sont fort curieux. D'ailleurs ces peuples préfèrent la commodité à la vaine ostentation, ce qui ne les empêche point de donner un certain air d'élégance aux maisons les plus médiocres. Les palais des grands sont moins somptueux qu'en Europe, tout cependant y respire une noble simplicité. Leurs principaux ornements consistent en paravents peints & vernissés, qui souvent servent de cloisons ou séparations, en vases de porcelaines de toute forme & grandeur, en nattes bordées de franges, en livres, en peintures, qui pour la plûpart ne sont que des figures d'oiseaux dans lefquelles ils excellent. Dans chaque maifon, il y a un appartement deftiné aux amis; c'eft-là où les Japonnais renferment ce qu'ils ont de plus précieux; on peut dire qu'elle ne forme qu'une grande chambre divifée à plufieurs autres pièces par les paravents. Le vrai goût de la nature règne dans tout ce qu'ils font, l'art ne lui eft jamais fubftitué, il ne fait que l'embellir. Rien de plus fec que ces bâtiments. On ne fait entrer dans leur conftruction que le cèdre ou le fapin. Les poutres qui paroiffent au-dehors, les planches qui forment le toît font la plûpart verniffées & quelquefois dorées. On garnit ces poutres de pots-de-fleurs, ce qui fait à la vûe un agréable effet. Au lieu de cheminée, les Japonnais ont dans le milieu de l'appartement un foyer rempli de cendre chaude & de charbon, qu'ils couvrent d'une table fort baffe, ornée d'un tapis. Ils mettent encore du feu dans des pots de cuivre & de terre ; cette chaleur eft peu faine, & ces foyers occafionnent de fréquents incendies. Quelques Seigneurs ont fait conftruire des cheminées dans les environs de *Nangazaqui*, d'après le modèle qui leur fut donné par les Hollandais ; mais ils n'ont pu obtenir de l'Empereur la permiffion de conftruire des châteaux fur la forme de ceux que l'on voit en Europe.

Les Japonnais ont de très-jolis jardins, qu'ils cultivent avec foin, & que l'on voit prefque toujours fleuris. Ils ramaffent les eaux des plus petites fources, pour former des cafcades & des baffins. Comme ils aiment leur demeure, ils s'étudient à l'embellir, à s'y procurer un agréa-

ble néceſſaire. Nous les ſurpaſſons
de beaucoup dans l'art de conſtruc-
tion, nous ſçavons épuiſer tous les
genres de beautés qui peuvent im-
mortaliſer le poſſeſſeur & l'archi-
tecte ; mais ſommes - nous plus à
l'aiſe dans nos ſomptueux édifices ?
Y avons-nous autant de commodités
que les Japonnais en poſſèdent dans
leurs brillantes chaumières ? Chez
nous le luxe & la vanité, en fait de
bâtiment comme dans le reſte, multiplient les beſoins, & à force de va-
rier les aiſances on ſe met à la géne.
Pour loger à Paris, à Londres,
à Vienne, à Rome, un Financier,
un Seigneur, un Prélat, trente mai-
ſons Japonnaiſes ne ſuffiraient pas.
Une femme qui, par ton ou par ma-
lice, ne couche point avec ſon mari
occupe un appartement qui ſuffirait
à trente concubines du plus opulent

Japonnais. La richesse des ameuble-
ments répond à la vaste étendue de
nos palais, & ces meubles précieux
ne sont pour l'ordinaire d'aucun usage. Tandis qu'un salon est presque
rempli de fauteuils magnifiques, il
faut se tenir debout ou chercher pour
s'asseoir un tabouret caché dans un
coin. Les appartements sont fort
élevés, cela donne un air de grandeur, mais pour l'échauffer une corde
de bois suffit à peine. Je ne sçais si
nous raisonnons plus juste que les
Japonnais, mais certainement nous
achetons l'aisance à plus haut prix
que ces insulaires ; ils jouissent des
commodités, & nous les sacrifions à
la représentation.

S'ils nous sont inférieurs en fait
de bâtiments, ils nous surpassent
dans la construction & l'alignement
des grandes routes, car quoique les

nôtres soient pavées ou ferrées , les
routes du Japon sont plus riantes ,
plus commodes , eu égard à leur façon de voyager , mieux entretenues ;
elles sont bordées de plusieurs ran-
gées de sapins , sous lesquels les
Voyageurs pédestres trouvent un
abri contre l'ardeur du soleil. On ne
se plaint point en ce païs que l'ombre des arbres nuit aux terres cultivées qui les cotoyent , parce que
dans le cas même que cette ombre
pût retarder la maturité des grains ,
on fait compenser une perte modi-
que par un bien réel. Ces routes font
multipliées , & ouvrent une commu-
nication parfaite entre toutes les
Provinces & les Villes d'une même
Isle : toutes aboutissent à la Capitale ,
comme à leur centre. On commence
à compter du Pont de Jedo le premier dégré de toutes les distances ,

marquées par de petites élévations
de mille en mille pas géométriques ,
en sorte qu'un Voyageur sçait toujours de combien il se trouve éloigné
de la Capitale. Il y a de ces routes
qui ont cent pas de largeur ; aucune
n'a moins de soixante pieds. On les
entretient avec soin , & les paysans ,
chargés de cette besogne , trouvent
le payement de leurs travaux dans
l'amas qu'ils font des ordures & des
branchages qu'ils y relèvent ; le bois
les chauffe , & les ordures servent
d'engrais ; moins misérables sans
doute que les paysans de plusieurs
Etats de l'Europe assujettis à des corvées qui épuisent leur temps & leur
forces. Le grand nombre de routes
& de ponts que l'on voit au Japon ,
n'oblige jamais le Gouvernement à
imposer une taxe onéreuse sur la
partie du peuple la plus utile ; on n'y

connaît ni droits de péage , ni bar-
rage , & lorsque des réparations considérables & urgentes éveillent le mi-
nistère ; les Ouvriers mandés & em-
ployés sont payés des deniers mêmes
de l'Empereur.

Ces grands chemins sont ornés de
distance en distance de fontaines
abrissées , auprès desquelles les Voyageurs fatigués peuvent se reposer
après s'y être désaltérés. On y voit
aussi grand nombre d'hôtelleries où
l'on est servi avec autant de prompti-
tude que de propreté & d'élégance ,
elles sont pourvues de bains com-
murs & séparés , de musiciens , de
farceurs , de filles de joye & de ga-
nimèdes ; cette dernière marchan-
dise n'est nullement décréditée au
Japon ; il y a même des maisons des-
tinées à l'éducation de ces jeunes victimes d'une passion abominable , qui

malheureufement eft plus commune
dans les païs où la pluralité des femmes eft permife. Les filles de joye,
toujours élégamment parées , font
fort agaçantes ; elles fçavent chanter , danfer , jouer de plufieurs inf-
truments ; plufieurs mêmes font inf-
truites de certaines fciences peu familières parmi nous aux femmes de
cette efpèce. Les Japonnais veulent
de l'efprit en tout. Les Chinois ,
leurs rivaux éternels , viennent fréquemment au Japon , pour le plaifir feul de voyager & de profiter des
agréments qu'une induftrieufe volupté a répandu fur les routes publiques : auffi appelle-t-on communément le Japon le B** de la Chine.
On trouve encore à l'entrée de chaque Province & de chaque Diftrict
des poteaux auxquels font attachés
des écriteaux, qui indiquent les noms

des Gouverneurs, l'étendue de la
Province, le nombre des Habitants,
les Villes & les Bourgs, enfin les Réglements de Police. Les hommes qui
font métier de porter le bagage fervent à très bas prix ; & l'on peut af-
furer fans témérité que les routes
quelques vaftes qu'elles foient, font
prefque toujours auffi remplies de
Voyageurs, que les places & les jardins publics de l'Europe le font de
fainéans & d'efcrocs.

Mais fi l'on doit des éloges à l'attention avec laquelle les Japonnais
entretiennent & embelliffent leurs
chemins, on ne fçaurait que rire de
leur façon de voyager ; d'abord leur
marche eft très lente, ceux qui voya-
gent à pied ont des bottines fort lar-
ges par le haut, & très étroites vers
le pied ; ils y font entrer le bas de
leur robe, qui les incommoderait,
s'ils

s'ils la laiſſaient traîner. Les hommes & les femmes de la dernière claſſe n'y prennent point garde de ſi près ; ils ſe retrouſſent ſans façon juſqu'à la ceinture, & ne croyent point commettre une indécence, en découvrant dans les chemins ce qu'ils cachent ſoigneuſement dans les pagodes. Les chevaux ont au col des ſonnettes un peu plus groſſes que celles que l'on pend ordinairement au panache des mulets ; ce bruit ſans doute leur plaît. Ils montent à cheval d'une manière oppoſée à la nôtre, & s'y tiennent les jambes croiſées. On place ſur le corps de la bête deux porte-manteaux, entre leſquels il y a un eſpace rempli de laine ou de ſoye nontravaillée, & aſſez large pour que le cavalier puiſſe s'y aſſeoir commodément ; un domeſtique tient la bride du cheval, & conduit l'ani-

F

mal en chantant un air gai , autant
que le comporte la musique japonnaise. Le cavalier est affublé d'un am-
ple manteau de papier vernissé à l'é-
preuve de la pluye , & d'un large
chapeau de paille qui sert de para-
sol. Cet équipage est vraiment gro-
tesque , & n'en plaît pas moins aux
Japonnais.

On voit au Japon des voitures
particulières ; le moindre Seigneur
de la Cour en a dix ou douze , mais
les coches publics y sont inconnus.
Les Etrangers trouvent , en payant ,
des palanquins portés par des hommes ou par des chevaux ; voitures
assez commodes , mais dont la lenteur rebute ceux qui préfèrent le
cheval.

La sûreté se trouve par-tout dans
les chemins. On sçait avec quelle
effroyable rigueur les Japonnais pu-

nissent le vol , & combien ils ont en
horreur ce vice flétrissant. D'ailleurs
les mendiants du Japon ne sont pas
totalement dépourvus de la fierté
nationale ; ils sont peu enclins au
vol , quelque pressantes que soient
leurs nécessités. En général on remarque que les vols sont moins fréquents dans les païs où l'indigence
est moins excessive , & cette indigence à son tour ne se fait guères
sentir dans les Etats où les impôts
sont en proportion exacte avec les
besoins du Gouvernement & la fortune des sujets , où les peuples sont
naturellement industrieux & amis du
travail , & tel est le Japon.

D'ailleurs les Hôpitaux y sont
très-nombreux , bien administrés.
Les revenus ne sont point pillés par
les riches qui les reçoivent , les malades n'y sont point entassés les uns

fur les autres ; on ne hâte point leur mort pour s'en débarraffer ; des demi-chirurgiens ne vont point effayer leur dextérité fur des cadavres palpitants ; en un mot, l'humanité au Japon n'eft peut-être point autant célèbrée dans les livres que parmi nous ; mais elle eft refpectée & foulagée dans la perfonne des pauvres. Ces Hôpitaux font ouverts aux Voyageurs indigents ; ils font régis par des Moines à qui il faut rendre cette juftice, que les Pélerins & autres qui fans ceffe y abondent, font fervis avec beaucoup de charité, & même avec une certaine profufion. Au refte, les fonds de ces maifons font immenfes, & les aumônes abondantes que l'on y répand, mettent à l'aife les Moines & les Pauvres qui s'y réfugient.

Les Japonnais dans leurs maladies ne font point ufage de toutes les

drogues compofées & variées, qui
parmi nous donnent un fi bel éclat à
la Médecine, drogues qui ruinent la
fanté de celui qui les prend, & grof-
fiffent la bourfe de celui qui les vend ;
drogues dont on fait monter les efpèces connues au nombre de vingt-
cinq mille. Les Médecins en ce païs
vendent eux - mêmes les remèdes
en vogue, mais leurs médicaments
ne font que des décoctions ou
infufions de fimples. Ils excellent
dans la connaiffance du poulx, &
n'ont pas la manie d'épuifer leurs
malades par de fréquentes faignées,
qui ne fervent aux Médecins Européens qu'à faire décider une maladie
dont ils ne peuvent deviner la caufe.
Les Japonnais font perfuadés que la
nature nous a donné un fang pur,
qui ne fe vicie que par une transfufion
fuperflue des humeurs. Et comme

la santé , selon eux , confiste dans le
parfait équilibre du fang & des humeurs , ils s'en tiennent à l'évacuation ; & ils prétendent que , fi l'on
diminue la maffe du fang , on lui ôte
une partie des forces dont il a befoin
pour combattre les humeurs ; feules
& uniques caufes de toutes les maladies , c'eft donc par l'évacuation
qu'un Mèdecin éclairé parvient à
détruire les caufes & à rétablir l'équilibre entre les folides & les liquides.

CHAPITRE VII.

Continuation du même Sujet.

LES Historiens, qui ont écrit avec
plus d'étendue sur les mœurs & les
occupations des Japonnais, ne s'accordent pas sur un article intéres-
sant, l'usage des Sciences spécula-
tives. Les uns nous les représentent
comme d'habiles Physiciens & Mathématiciens, d'autres au contraire prétendent qu'ils ne s'appliquent qu'à
la morale, & que loin d'être excel-
lents Mathématiciens, ils sçavent au
plus les premiers éléments d'une informe arithmétique. Personne aujour-
d'hui n'ignore en Europe que l'astro-
nomie leur est aussi étrangère que la
doctrine d'Aristote ; les Chinois ont

fur eux cet avantage, & réuffiffent
affez bien dans leurs découvertes, depuis que l'on a rectifié leurs inftru-
ments aftronomiques. Il n'y a point
au Japon d'Obfervatoires, point de
Sçavants à lunette, à télefcope. On
croit fans doute en ce pays, que les
globes, que nous appercevons dans
l'efpace immenfe des cieux, font trop
diftants du nôtre, pour avoir avec
nous des relations utiles. Mais fi les
Japonnais connaiffaient les avantages
que l'Europe a retirés de la perfection
d'une fcience, trop longtemps enfe-
velie dans l'oubli, ils l'aimeraient &
la cultiveraient. Un obftacle s'offre
chez eux à l'étude de l'aftronomie,
c'eft le défaut reconnu de difpofition naturelle pour la connaiffance
approfondie des Mathématiques. Ils
ne font point auffi ennemis de la
Métaphyfique, ce qui, foit dit en

passant, ne fait point l'éloge de leur goût en fait de sciences. Ils ont poussé fort loin les raisonnements métaphysiques dans les sujets de religion, & n'ont pas moins débité de rêveries, d'obscurités, de brillants paradoxes, que les Philosophes, qui parmi nous, se mêlent de scruter ce qui est inaccessible aux lumières bornées de la raison. Au reste on attribue peut-être à la Nation ce qui n'appartient qu'aux Moines; il faut être équitable. On n'accuse pas les Français de voir tout en Dieu, parce que Mallebranche croyait tout y voir, de placer l'ame dans la glande pinéale, parce que Descartes l'y avait colloquée. Je pense que les hommes éclairés de cet Empire s'occupent beaucoup plus de la morale, qui, dans le fait, est l'unique science vraiment nécessaire à l'homme, science néanmoins qui

parmi nous est encore dans l'enfance.
Les Japonnais nous surpassent en ce
point, & sont bien dignes d'exciter
notre émulation. Jugeons des progrès
qu'ils ont faits dans la morale par
leurs sentiments. Il n'est point de
peuple sur la terre qui soit plus maître des mouvements du cœur. L'ad-
versité n'abbat point le Japonnais ;
la mort le trouve intrépide sous quelqu'aspect qu'elle se présente : & le
Mahométan, avec l'idée d'une pré-
destination absolue, n'affronte pas les
dangers avec plus de courage. On a
vu, on voit encore des Japonnais
s'interdire le plus léger murmure
dans les revers les plus accablants,
étouffer dans leur sein le sentiment
vif de la douleur, & préférer mourir
accablé du poids de leurs peines, à
confier à un ami ce qu'ils traitent de
faiblesse.

Ils font très-senfibles au point d'honneur ; mais ils n'en ont point comme nous une idée frivole. En Europe on a prefque réduit l'honneur à la vengeance, ces deux mots y font devenus fynonimes. Toute fois celui qui met le pardon des injures au rang des infâmies, qui juge de l'honneur de fon femblable à la pointe de l'épée, ne rougit pas de contracter des dettes diffâmantes, de tromper, de ruiner fes créanciers, de fe prêter aux intrigues les plus équivoques, de ramper dans l'anti-chambre d'un grand, de fupplanter par fes calomnies un rival plein de mérite, de trahir, de perfifler un ami, d'outrager une époufe, de négliger, de fcandalifer des enfants ; pourvu que le public fçache qu'il eft homme à ne point reculer à avoir des affaires avec le premier venu,

F vj

il se moque du reste, & croit sa réputation solidement établie, parce
qu'il a les suffrages d'une classe d'é-
tourdis, vulgairement connus sous
le nom de *crânes*.

Les Japonnais pensent avec plus
de justesse ; la noblesse parmi eux
n'est point la seule condition qui
réclame l'honneur : le plus petit ar-
tisan en connaît les principes, & les
suit avec une fidélité que nos gentils-
hommes ne dédaigneraient pas d'imiter. Cet amour de l'honneur est dans
ces insulaires la source de quelques
défauts, parce qu'ils le portent à
l'extrême ; mais que de vertus ne
fait-il pas éclorre ? Il produit la fran-
chise, la sincérité, la générosité, la
fidélité, le mépris philosophique des
richesses dont ils jouissent sans attachement, qu'ils ne considèrent point
comme des titres distinctifs de mé-

rite & de préféance. Auſſi s'en voient-
ils dépouillés ſans trop ſe chagriner.

C'eſt par principe d'honneur que
le Japonnais déteſte cette brutale
vengeance, qui, toujours altérée de
ſang, ne lave qu'imparfaitement l'af-
front reçu. C'eſt par principe d'honneur qu'il préfère ſe donner la mort
à manquer aux devoirs de l'amitié,
de l'amour, de la confiance. Les
querelleurs, les babillards, les mé-
diſants, ſont généralement regardés
comme des lâches & des hommes
ſans ame. Auſſi ne voit-on guères
parmi eux de ces diſſentions ſcanda-
leuſes qui troublent le repos des fa-
milles, & terniſſent l'éclat de la réputation de ceux qui les font naître ou
qui les fomentent ; » s'il s'élève dans
» une rue quelque querelle, dit le
» Jéſuite Charlevoix, les voiſins
» les plus proches ſont obligés

» d'abord {de féparer les combat-
» tants ; car fi l'un d'eux venait à
» être tué, non-feulement l'autre le
» payerait de fa téte, n'eût-il fait
» que fe défendre, mais les trois fa-
» milles les plus voifines de l'endroit,
» où le meurtre aurait été commis,
» feraient obligées de garder leur
» maifon pendant plufieurs mois :
» on ne leur donnerait que le temps
» de faire des provifions. . . . . .
» après quoi leurs portes & leurs fe-
» nêtres feraient condamnées. Tous
» les autres habitants de la rue au-
» raient auffi leur part au châtiment.
» Ils feraient condamnés à de rudes
» corvées, plus ou moins longues,
» à proportion de ce qu'ils auraient
» pu faire pour prévenir les fuites
» de la querelle. . . . Tout homme
» qui met le fabre ou le poignard à
» la main, quand bien même il n'au-

» rait pas touché celui à qui il en
» voudrait, est condamné à mort,
» s'il est dénoncé. »

Une police aussi sévère, n'est déplacée dans aucun Etat, parce que
la tranquillité publique est le plus
grand bien que l'on puisse assurer à
la société ; aussi règne-t-elle au Japon en tout temps. Pourrait-on en
dire autant des Royaumes les mieux
policés de l'Europe ? L'ordre public
est si cher aux Japonnais, qu'ils
ont mis des entraves un peu gênan-
tes aux acquisitions qui se font dans
les Villes. En voici la preuve.
Lorsqu'un habitant veut changer de
quartier, il faut qu'il en obtienne la
permission par écrit de l'Officier pré-
posé à la police de la rue de laquelle
il prétend sortir : cette permission ne
se donne qu'après une information
exacte de vie & de mœurs de l'ha-

bitant : cette information est com-
muniquée au quartier nouveau dans
lequel il doit demeurer , & la moindre opposition fait rejetter la re-
quête ; ce qui s'observe également ,
quand il est question d'acheter , de
vendre une maison , & le prix n'en
souffre point , car la convention suit
la condition apposée par la loi. Cette
coutume peut nous paraître bizarre ,
mais elle n'en est pas moins sage ,
puisqu'elle sert à découvrir les per-
turbateurs du repos public. Il est
vrai que toutes les rues étant chaque
nuit exactement fermées , on ne peut
être exposé comme à Londres , à
Paris , aux insultes des tapageurs ,
des ivrognes , ni même aux vols , si
communs dans l'une & l'autre Ville.
Mais n'est-il pas disgracieux pour des
voisins paisibles d'être obligés de re-
cevoir au milieu d'eux un homme

fans bonne foi , fans mœurs , qui
trouve l'impunité de fes vexations
dans l'abondance de fes richeffes ,
qui ne vient fouvent dans un quartier que pour y infulter la médiocrité
paifible de fes concitoyens par un
luxe bruiant & ruineux ? Il eft vrai
que les Japonnais ne jaloufent point
la fupériorité de fortune , mais comme elle eft prefque toujours la fource
d'une licence tumultueufe , ils ont
établi des règlements qui pourvoient
directement aux abus , & forcent le
riche comme le pauvre à vivre en
paix par-tout où il fe trouve. Un Anglais , qui confond la liberté avec la
licence , ne s'accommoderait point
d'une police qui eft l'antipode de la
fienne ; mais fi l'on peut reprocher
trop de févérité aux Japonnais , il eft
inconteftable que l'on a droit d'ac-
cufer d'un défordre fanatique la li-

cence qui règne dans toutes les Villes d'Angleterre.

Il seroit à désirer que les rues dans les Villes du Japon fussent aussi propres que la police des mœurs y est exacte ; mais malgré l'attention que l'on a d'y répandre beaucoup de fable dans les temps de pluie, il est difficile d'y marcher sans se crotter, & dans l'été pour peu que le vent y souffle, on est sans cesse incommodé par la poussière ; ce qui n'arriverait pas si elles étoient pavées ; dépense peu onéreuse dans un païs où il se trouve de mille sortes de pierres propres à cet usage.

Ce défaut de propreté dans les rues ne s'étend pas jusques dans les maisons, qui, comme je l'ai déja dit, ne le cèdent point à celles des Hollandais ; les Japonnais les surpassent dans la manière d'apprêter leurs repas ; rien de plus propre & de plus simple ; ils sçavent donner un goût exquis aux assaisonnements les plus naturels, & quoique, pour leur malheur, ils fassent actuellement usage des épices ou poisons déguisés des Moluques & de Ceylan, ils sont très-modérés en ce point ; c'est bien le présent le plus funeste à la santé que les Hollandais leur ayent fait ; on s'en appercevra dans la suite des temps ; & l'on ne sçaurait disconvenir qu'en Europe la connaissance de la canelle, du poivre, du gingembre, du sucre, du caffé, n'ayent énervé le tempéramment, multiplié les maladies, hâté la vieillesse.

La vaisselle des Japonnais est ou de porcelaine, ou de bois, ou de terre vernissée. Si quelque Français pouvoit s'y introduire, il y prêcherait sans doute contre les vases émail-

lés avec lesquels on s'empoisonne
lentement ; mais je doute que cette
tardive découverte fit fortune chez
un peuple qui ne se paye point de
raisonnement en l'air. Ce peuple est
si sobre, que les ivrognes & les gour-
mands sont aussi peu connus chez lui
qu'ils le sont trop chez nous. Les
tables sont toujours ornées de fleurs,
je dis *tables* ; car quoique pour manger, les Japonnais soient assis sur des
coussins, ils exhaussent de près d'un
pied l'endroit sur lequel ils posent
les plats. La musique vocale ou ins-
trumentale se fait entendre dans tous
les repas de compagnie, qui sont
très fréquents, parce que l'esprit de
société est celui de la Nation ; aussi
voit-on régner généralement chez
le Japonnais une honnêteté, une politesse d'autant plus précieuses, qu'elles tiennent de plus près au naturel.

On n'y connaît point l'usage des fourchettes ; à l'exemple des Chinois les Japonnais se servent de petits bâtons d'yvoire , avec lesquels ils portent fort adroitement les morceaux à la bouche ; ils ne boivent que vers la fin du repas & toujours modérément. Ils se portent les santés les uns aux autres , & se livrent alors à la plus charmante gaieté. Ils ne mangent jamais dans l'appartement où ils couchent , ni dans celui où ils reçoivent les visites ; la cuisine se fait en plein air pendant l'été , & sous une espèce d'appenti en hyver. Les mets sont très-naturels , ils sont composés ou de poisson rôti , ou de viande bouillie , ou de fruits secs & cuits , ou enfin de légumes ; le riz entre dans tous les services. Ils n'ont jamais paru prendre beaucoup de goût ni aux ragoûts européens ni au vin.

CHAPITRE VIII.

Des Plaisirs des Japonnais.

JE voudrais pouvoir louer indistinctement tous les plaisirs qui égayent
la philosophie des Japonnais , mais
le ton de nos mœurs ne me permet
pas même de parler de certains plaisirs que ces peuples croient licites ,
& contre lesquels ils n'éprouvent aucun remord , plaisirs qui semblent
incompatibles avec cette austère sagesse , qui caractérise toutes les autres actions , plaisirs enfin si communs dans toute l'Asie , que l'on
serait tenté de croire qu'un génie
mal-faisant a bouleversé l'imagination
des Asiatiques ; c'est un de ces prodiges singuliers que la raison ne sçau-

rait pénétrer. Heureux celui qui sçait habilement saisir le vrai, le naturel, dans ses divertissements, comme dans le reste ! Qui pourra concevoir comment le Japonnais allie ce penchant à l'amour des femmes ? Le grand nombre de concubines insinue ou que le climat est favorable aux plaisirs des sens, ou que les Japonnais naissent avec une dose de lubricité plus forte qu'on ne la trouve ailleurs. Cependant ces hommes si voluptueux sçavent faire céder leurs passions aux affaires. Respectueux jusques dans les plus tendres caresses, jamais ils n'exposent à l'insolence du mépris les femmes qui contentent leurs désirs, & si l'on doit appeller décence les égards que l'on conserve dans l'accès, dans l'ivresse de la passion, personne ne la pousse plus loin que les Japonnais. Les lieux publics, qu'ils fréquentent quelquefois par caprice, ne retentiſſent point de chanſons laſcives, de propos obſcènes, genre de badinage que les élégants liber- tins de l'Europe ont oſé ériger en bon ton ; auſſi en laiſſent ils échap- per des traits dans les compagnies les mieux choiſies , tant l'habitude chez l'homme a de force.

Les Miſſionnaires Chrétiens atteſ- tent unanimement que les Japonnais, quoique lubriques à l'excès , ne font point parade de ce penchant , & s'étudient à ne donner aucun ſcan- dale , ſoit par les geſtes , ſoit par les diſcours. Parmi nous les cenſeurs ri- gides des mœurs ſe plaignent haute- ment de ce que tout , juſqu'aux pa- rures , provoque à une criminelle volupté. Je ne ſçais ſi l'excès en ce point eſt auſſi ſenſible qu'on nous le veut faire croire ; il eſt bien vrai que nos

nos Dames confultent moins la
commodité que leur amour propre,
dans la façon de se parer, de se découvrir le sein ; faut-il pour cela leur
prêter toujours des intentions cri-
minelles ? Il ne fut jamais contraire à
l'honnêteté publique de s'étudier à
plaire, à gagner le cœur par les
yeux, & aucune loi civile ne défend
à une femme de relever ses attraits
avec les graces de l'ajustement.

Les Japonnais aiment dans leurs
femmes & dans leurs concubines les
ornements recherchés, qui, donnant
à la beauté un nouvel éclat, aiguil-
lonnent le désir, mais ils ne souffri-
raient pas en elles une gorge découverte, & quelqu'autres parures qui
ne font que des demi-voiles. Dans
le secret de leurs appartements, ils
changent de ton, & tout ce que la
volupté a de plus rafiné n'est rien de

G

trop pour eux. Ce penchant universel de la nation pour les plaisirs de
l'amour y rend le jeu moins commun qu'ailleurs. Non-seulement les
jeux de hazard n'y ont aucune vogue , on les regarde au contraire
comme un trafic sordide , une perte
de temps inexcusable. On n'a pu
connoître encore quels sont ceux
qui amusent ces Insulaires , à moins
u'on ne mette dans la classe des jeux
la Musique & les Spectacles , pour
lesquels ils sont passionnés. Ceux des
Européens qui ont entendu leur
Musique la trouvent désagréable &
plus digne d'une Nation barbare que
d'un peuple policé. On a connu des
Sauvages qui ne prenaient aucun
plaisir à nos concerts ; cette disso-
nance de goût serait-elle l'effet du
préjugé ? N'y aurait-il rien que d'arbitraire & de relatif dans la musique ?

Ou les organes des Asiatiques se-
raient-ils disposés différemment d'une
autre maniere que les nôtres ?

Si la Musique au Japon est pi-
toyable , il n'en est pas de même
des Pièces de Théâtre , qui au rapport
des Jésuites , sont très-bien conçues.
» Ils réussissent sur-tout , dit le Père
» Charlevoix (liv. prél. & 6) dans
» les Pièces de Théâtre. Ces Pièces
» sont distribuées en actes & en
» scènes , comme les nôtres ; ils en
» font le plan dans le prologue ; mais
« ils ne disent rien du dénouement ,
» afin de mieux surprendre les Spec-
» tateurs . . . tout est moral dans
» leurs Tragédies & dans leurs Co-
» médies. » Nos Pièces de Théâtre
certainement l'emportent sur les chef-
d'œuvres du Japon ; mais ils ont un
avantage que nous venons de perdre ,
c'est qu'ils ne connaissent point les

G ij

drames. Ils pourraient nous accuſer
avec juſtice de forcer les Spectateurs
à deviner le dénouement de la pièce
dès le premier acte.

On ne nous dit pas ſi l'enſemble
du ſpectacle eſt auſſi frappant chez
eux qu'à Paris, c'eſt-à-dire, ſi les
décorations ſont brillantes, ſi le jeu
des machines, les ballets & les voix
colorent les défauts de la poéſie; en
un mot, ſi les Japonnais s'accom-
modent d'un ſpectacle où les ſens
ſont preſque toujours ſatisfaits aux
dépens de l'eſprit.

Ils aiment paſſionnément la danſe,
qui ſans doute ſe reſſent de la gravité qui leur eſt naturelle. L'on n'a
pu ſçavoir encore, s'ils danſaient
avec autant de graces & de ſymmétrie
que les Européens. Des éclairciſſe-
ments ſur ce point ſeraient très-utiles
à certains peuples, qui donnent la

préférence aux danses étrangères. Des ballets, des contredanses, des menuets japonnais, enrichiraient les Théâtres & les Bals de l'Europe.

La chasse est un plaisir fatigant au Japon, l'inégalité des terreins où le gibier se retire dégoûte un grand nombre de Seigneurs, d'un exercice dont la Noblesse Européenne fait ses délices, & qui est devenu destructeur de l'Agriculture dans les Etats, où les hommes puissants ne font point obligés d'enclorre de murs les parcs destinés à la retraite de la béte fauve. On sçait que les Japonnais aiment faiblement les exercices violents : les domestiques font presque les seuls qui s'y livrent habituellement.

Rien ne leur plaît davantage que les voyages de plaisir en pleine mer. Mais ils obtiennent rarement de l'Empereur la permission de s'égayer fur cet inconſtant élément ; elle eſt toujours limitée quand on la leur accorde ; on fixe même l'étendue de mer qu'ils doivent parcourir. D'ailleurs les dangers ſont ſi fréquents & ſi multipliés le long des côtes , qu'il ſerait téméraire de haſarder habituellement de ſemblables parties. Les bâtiments ſont ſi mal- adroitement conſtruits , que le moindre grain peut les ſubmerger, ou les faire échouer contre d'affreux rochers ; ainſi ces promenades , tant recherchées , doivent être fort rares & très-périlleuſes.

Les Japonnais mettent encore au nombre de leurs plaiſirs l'amitié qu'ils contractent entr'eux , & à laquelle ils ſont fidèles juſqu'à la mort. Rien n'égale la ſincérité de leurs ſentiments. On a des exemples de généroſité bien au-deſſus de ce que l'on trouve dans l'histoire des peuples connus, & ces exemples ne font point rares. Ils répandraient jusqu'à la dernière goutte de leur fang, ils prodigueraient leur fortune, fi le falut d'un ami l'exigeait. Qu'un inconnu preffé par le befoin ou perfécuté par un ennemi, fe jette avec confiance dans leurs bras, ils le défendent, & s'expofent à tout pour le fauver. Ils ne connaiffent plus d'autre intérêt que le fien. On peut voir dans le P. Charlevoix & dans les Lettres & Relations des Miffionnaires Jefuites, fi ce que je dis du refpect fincère des Japonnais pour l'amitié & les devoirs qu'elle impofe, eft exagéré.

La manie de faire des vers eft un des plaifirs particuliers aux Seigneurs Japonnais. La poéfie eft pour eux un délaffement auffi agréable que la

musique & la danse ; il est bien mal-
heureux pour l'Europe que quelque
Hollandais, sortant de son naturel,
& s'appliquant aux Sciences, n'étu-
die point sur les lieux la langue japonnaise. Notre littérature s'enrichirait des poëmes de ces Insulaires ;
ce serait encore le moyen infaillible
de connaître si leur génie poétique
répond aux grandes idées que l'on
nous donne de la vivacité de leur imagination. Nous possédons une Tra-
duction Françoise de plusieurs Livres
chinois, serait il difficile de se procurer des Traductions des Ouvrages japonnais. Malgré la défiance outrée
que les Espagnols ont inspirée à ces
peuples lointains, ils ne se refuse-
raient pas sans doute à une demande
qui ne peut que leur donner un nouveau dégré de célébrité, & pourvu
que l'on s'offrit de travailler sous

leurs yeux , je ne crois pas qu'ils
s'opposassent au zèle littéraire du
Sçavant , qui sacrifieroit son loisir
& sa liberté à une aussi utile découverte. Il est vrai que quelques Missionnaires ne nous représentent point
les poésies japonnaises sous un point
de vûe favorable ; ils disent même
que leur informe littérature mérite à
peine l'attention du peuple ; d'autres
combattent cette opinion défavorable au génie japonnais , & s'ap-
puyent sur la lecture de quelques
morceaux d'éloquence qui leur ont
paru toucher au sublime. Il est certain que les Japonnais se servent d'ex-
pressions ampoulées , qui annoncent
une imagination exaltée ; ils sont fertiles en comparaisons , en métapho-
res. Ce qui pourrait un peu diminuer le crédit que quelques-unes de
leurs pièces ont obtenu dans plu-

G v

sieurs relations, c'est le choix qu'ils font du sujet. La morale & l'histoire ne sont point déguisées sur leurs Théâtres ni dans leurs poésies ; l'une y paraît avec toute sa sévérité, & l'autre avec sa simplicité. Mais comme leur histoire est une espèce de mythologie, les poëtes peuvent s'escrimer à l'aise. Au reste on ne sçaura parfaitement quel est l'état des Sciences au Japon, que quand on pourra en étudier la langue, & faire passer dans une de celles qui ont vogue en Europe, les morceaux choisis, sérieux & badins, soit de poésie, soit de toute autre branche de littérature.

CHAPITRE IX.

Des Vertus des Japonnais.

C'EST faire l'éloge d'une Nation, que de lui donner plus de vertus que de vices. Un peuple qui ne serait que vertueux, ne sçaurait se trouver sur la terre, comme il n'en est pas d'absolument vicieux.

C'est par le contraste que la nature a mis entre le juste, que nous jugeons avec précision de la sublimité des vertus & de l'énormité des vices. Il est possible que parmi les habitants du globe lunaire on ne connaisse que la justice ; il l'est également que ceux de Mars & de Venus ne connaissent que l'injustice ; mais il faut supposer que ces hommes, inconnus jusqu'ici,

G vj

ont l'esprit & le corps autrement faits que les nôtres. Sur notre globe il y a par-tout mélange de bien & de mal ; ici tels vices dominent, là ce sont telles vertus ; souvent on ne s'entend pas sur ce que l'on doit appeller vertus ou vice, & nous voyons de nos jours des génies à prétentions faire dépendre la valeur morale d'une action des préjugés & des loix. Les plus sages ne disputent point, mais s'étudient à éviter tout ce qui est universellement appellé vice, & à pratiquer ce que l'on reconnaît pour bon, juste & honnête.

Je ne dis rien de trop, lorsque j'attribue plus de vertus que de vices aux Japonnais, Saint François Xavier, le premier Missionnaire qui se soit étendu sur leur caractère, en fait un éloge pompeux dans ses lettres. Il entre dans un détail circonstancié de

leurs vertus, en expose la sublimité
& ne craint point de dire qu'elles sont
supérieures à tout ce que l'on remarque chez les peuples les plus éclairés. « Je ne sçaurais finir, dit cet
» infatigable Ouvrier apostolique,
» lorsque je parle des Japonnais, qui
» sont les délices de mon cœur. »
On pourrait soupçonner ce Jésuite
de prévention & d'intérêt, si ceux
qui en ont parlé après lui ne te-
naient à peu près le même langage.
Les Hollandais, dans les diverses relations qu'ils ont publiées sur le Japon, Kœmpfer qui a vécu quelque temps avec les Japonnais,
qui a pénétré dans l'intérieur de
l'Empire, avouent qu'il n'est sous
le Ciel aucune Nation qui ait porté toutes les vertus à l'héroïsme,
comme ces fameux Insulaires.
Une aussi parfaite unanimité entre

des Ecrivains de religion & de profeſſion oppoſées, forme une démonſ-
tration morale à laquelle on ne peut
ſe refuſer, ſans donner dans un pyr-
rhoniſme outré.

L'amour de la gloire que la raiſon éclaire, & dont elle dirige les
mouvements, eſt un principe de vertus ; ſi quelquefois il enfante les vices, c'eſt lorſqu'il change d'objet.
La nobleſſe de notre être exige une
mâle fierté, qui s'offenſe de toute
action qui ne tend pas à notre gloire ;
ce n'eſt point l'orgueil, c'eſt une
connaiſſance judicieuſe de ſoi-même
qui l'inſpire. Le Japonnais que cet
amour enflamme, ne tend point à des
vertus médiocres ; il croirait s'avilir, s'il perdait de vûe l'héroiſme
qui rapproche les hommes de la Divinité. De-là cette généroſité ſans
bornes, qui jamais ne ſe dément,

de-là cette patience foutenue dans les fupplices qu'il fouffre jufqu'à l'extinction de la vie, plûtôt que de fauffer une parole donnée. On en a vu taire le nom de leurs complices jufques dans les douleurs les plus aigues de la queftion, & emporter leur fecret dans le tombeau ; on en a vu s'expofer à la plus amère indigence, pour foulager celui qui avait imploré leur fecours, encourir avec leurs amis une accablante difgrace, qu'ils auraient pu éviter, & préférer un affreux exil à l'abandon d'un ami opprimé. Mille traits d'une femblable générofité caractérifent le grand & le petit, le fçavant & l'ignorant, le riche & le pauvre.

Le refpect qu'ils rendent à leur Souverain, n'eft point l'effet d'une crainte fervile : les grands cherchent moins à la Cour les bienfaits du Monarque , auquel ils sont aveuglément dévoués , que la gloire de lui plaire par une constante fidélité. Il n'est peut-être pas de pays où les murmures & les plaintes contre le Gouvernement , soient moins connus. Le peuple , il est vrai , est à l'abri de toute vexation , & dans la situation la plus pénible , il jouit de la tranquillité qui règne d'un bout à l'autre de l'Empire , tranquillité qui est moins due à la rigueur des Loix , qu'à l'amour constant de l'ordre , qu'à la note d'infâmie attachée par le peuple même à tout ce qui tend à la révolte.

Les conspirateurs accusés , condamnés , ne sont jamais plaints de la multitude. D'ailleurs les Loix sont également sévères pour le grand comme pour le petit ; si le citoyen rébelle paye de sa vie sa cabale & sa

désobéissance, le grand qui l'op-
prime n'éprouve point un fort plus
doux. L'on doit observer que la sévérité des Loix est fondée sur la
haute idée que la Nation s'est formée de la vertu, & non sur le penchant à la révolte qu'on lui a trop
légèrement attribué. S'il est vrai,
comme le prétendent quelques Auteurs, que le Japonnais a un caractère remuant & inquiet, pourquoi
exaltent-ils eux - mêmes avec tant
d'affectation son amour pour le Souverain & le bon ordre? Pourquoi
prétendre que sa soumission émane
d'une connaissance parfaite des Loix
de la société & des engagements qui
lient les peuples au Monarque, &
le Monarque aux peuples? Enfin
pourquoi nous représentent - ils les
Japonnais comme des hommes qui
ne consultent dans leurs actions que

cette raison sage & éclairée , que l'on sçait être incompatible avec une crainte servile , avec un penchant naturel à la rébellion , avec un desir aveugle de la plus funeste indépendance ?

Il est avoué de tous les Historiens , que les Japonnais sont pleins de modération , de patience & de bienfaisance. Ce sont des vertus populaires. Une insulte provoque rarement leur colère , quand elle part d'un inférieur ; si la vengeance leur paraît indispensable , ils n'en exercent la rigueur que conformément au pouvoir que les Loix leur accordent dans ces circonstances ; & l'exemple de quelques vindicatifs ténébreux n'inculpe point le gros de la Nation. La populace par-tout ailleurs si effrénée dans ses querelles , si insolente dans les troubles , observe au Japon par

principe d'honneur les Loix que parmi nous l'on ose mépriser hautement
dans les émeutes populaires. Ce n'est
point par lâcheté, que le Japonnais
dissimule une injure, personne n'est
plus jaloux que lui du point d'honneur, mais il croit que se livrer bru-
talement aux premiers mouvements
de la colère, c'est rendre la vengeance
odieuse, & s'accuser soi-même d'un
emportement condamnable ; il pèse
les motifs, & discute en lui-même
les raisons qui peuvent le déterminer
à rendre à l'agresseur le mal qu'il en
a reçu, & dans les occasions de peu
de conséquence, il agit conformément à cette maxime très-vraie :

» Ce n'est pas pour le sage une injure
  fâcheuse,

» Que l'outrage d'un lâche ou le mépris
  d'un sot.

La distinction des rangs est sensi-

blement marquée au Japon : le Noble
& le Militaire affectent fur le Bour-
geois, le Négociant, l'Artifan & le
Laboureur, une fupérioriété que
l'on prendrait pour de l'orgueil, fi
l'on ne fçavait que le Noble ne fe
prévaut jamais de fa condition pour
accabler de fon dédain ceux qui font
nés dans une claffe inférieure ; il
exige des égards & des refpects, le
peuple les lui rend fans contrainte &
fans dépit, & comme la richeffe ne
fait point aller de paire un faquin &
un homme de naiffance, on ne craint
point de fe tromper dans les marques
de vénération ; le roturier ne peut y
acheter la nobleffe, que la Cour ne
vend pas. Chacun eft à fa place. Le
Soldat qui, en ce pays, joue un
grand rôle, s'élève quelquefois par
fon mérite à des emplois honorables,
qui font toujours la folde du fervice

rendu, & non le fruit de l'adulation
& de l'intrigue. Les femmes n'étant
point le canal des graces, ni le bureau des emplois, on ne voit jamais
un manant sortir tout-à-coup de la
poussière, & se faire traîner dans un
carrosse, derrière lequel il ne mérite
pas même de monter. Tout est dans
l'ordre, parce que rien n'y est vé-
nal.

Je ne sçais si le P. Charlevoix (14)
a eu dessein d'insulter les peuples de
la Grande-Bretagne, en disant que
le Japonnais est *l'Anglais de l'Asie.*
L'un & l'autre se donnent facilement
la mort; en Angleterre, c'est souvent
bravade, mélancolie, consomption.
Au Japon, c'est réflexion. Le Japonnais en effet ne se tue que pressé par
des motifs raisonnés, quand il faut
opter entre une vie d'opprobre & la
mort. C'est toujours une férocité,

mais moins blâmable que celle des
Anglais. Je fçais que la nature tend
à la reproduction, & non pas à la
deftruction, je fçais que le fuicide
eft un crime ; mais je foutiens que
fi une faute peut être juftifiée par le
motif, le Japonnais eft toujours plus
excufable que l'Anglais. Le premier
n'a dans fa religion aucune loi qui
lui défend cet attentat ; il n'en eft
pas de même de l'Anglais, qui, pour
un revers de fortune, par un accès
de fureur, s'arme d'un piftolet, d'une
corde, d'un poignard, ou avale une
dofe de poifon vif. S'il eft vrai que
l'honneur eft plus cher que la vie,
dès que fa perte eft irréparable, la
mort n'eft point un crime à celui qui
eft perfuadé de ne pas offenfer fes
dieux en fe les procurant : & tel eft
le cas du Japonnais. L'Anglais eft
chrétien ; il ne peut raifonner ainfi ;

le parallele tombe fur ce point entre lui & le Japonnais.

Ce n'eft pas au refte par la fermeté avec laquelle le Japonnais fe donne la mort, qu'il faut juger de fon héroïfme ; il n'eft grand, il n'eft fupérieur aux autres hommes que par l'intrépidité avec laquelle il l'envifage, lorfqu'elle vient à lui, fuivant le cours ordinaire de la nature, ou quand elle lui eft envoyée par un arrêt de fon Prince. Nous regardons comme des prodiges de force d'ame les traits de ftoïcifme, que quelques-uns de nos Héros ont laiffé échapper à la vue d'une mort inévitable, foit dans le lit, foit fur l'échaffaud ; & un fimple manœuvre Japonnais en fait autant. Ce n'eft point ici une exagération, tous les Hiftoriens en conviennent. L'amour de la vie n'eft point plus faible au Japon qu'en Europe, mais il y est plus éclairé. Refusera-t-on la qualité de vertu à une constance, qui au dernier instant de la vie ne sçaurait être l'effet d'un inutile orgueil; La nature ne percerait-elle pas à travers ce voile imposteur! L'homme alors sçait-il feindre assez adroitement pour tromper ceux qui épient son dernier soupir?

La concorde & l'union entre les Citoyens est plus rare que l'on ne pense. On dirait que les Habitants d'une même Ville ne font rassemblés que pour se supplanter mutuellement, se jalouser, s'entre-diffamer. C'est ce que nous voyons communément en Europe, malgré les témoignages de politesse dont on s'accable réciproquement : on se plaint même de ce que les petites sociétés, qui rapprochaient les cœurs, ne sont plus aujourd'hui que des écoles de médisances,

fances, des académies de jeu où l'intérêt plus que le plaifir donne la loi ;
& on ne peut difconvenir qu'un air
de défiance ne foit répandu fur toutes les affemblées qu'on n'a point encore ofé fupprimer par vanité, ou par
inquiétude. Les Japonnais font plus
fincèrement fociables, & la difcuffion
des intérêts n'eft point chez eux un
obftacle aux repas, aux vifites, aux
affemblées de fociété. Comme ils ne
font point envieux les uns des autres,
ils paffent facilement fur beaucoup
de difficultés, dont nous nous faifons
autant d'affaires importantes. Le
quant-à-foi n'eft point chez eux un
fignal de froideur ou de haine, les
intérêts perfonnels cèdent toujours
au bien commun. Cette difpofition
du cœur eft la fource d'une fage tolérance, qui contribue à la profpé-
rité des Etats. Il y a chez eux plu-

H

fieurs fectes religieufes , dont les
dogmes & la morale font en perpé-
tuelle oppofition. On ne voit pas
entre les grands & les petits cette
animofité cruelle , qui a inondé plus
d'une fois l'Europe entière du fang
de fes Habitants. Il eft vrai que généralement parlant , les grands ne
font attachés à aucune fecte particulière ; mais ils les refpectent toutes ,
perfuadés que la religion eft un frein
néceffaire qui retient les peuples dans
les bornes du devoir , & les met à
l'abri d'une infinité de fautes ; fuites
inévitables d'une irréligion pratique.
On ne voit point parmi eux de cen-
feurs amères des dogmes qu'ils ne
croient pas , d'écrivains audacieux
qui infultent éloquemment la foumif-
fion religieufe des peuples , & font
parade d'une indifférence plus inconcevable dans fa véritable caufe , que

les superstitutions vraies ou préten-
dues qu'ils satyrisent.

Ils n'affectent pas même de fuir les
pagodes , d'abandonner à la populace crédule les cérémonies établies ;
ils vont entendre les Prédicateurs ,
porter leurs offrandes aux Dieux ré-
vérés dans l'Empire : » ce n'est point
» hypocrysie , dit le Père Charle-
» voix, c'est amour de l'ordre, c'est
» crainte de scandaliser le peuple ,
» qu'ils jugent avoir besoin d'un frein
» de cette nature. » Le lecteur aura
peine à concilier cette tolérance avec
la manière cruelle dont ils opérèrent
l'extinction du christianisme parmi
eux. Mais c'était à leurs yeux une
affaire d'état & non de religion. Ils
regardaient les Chrétiens comme les
instruments dont l'ambitieuse Espagne se servait pour les mettre sous
le joug. J'en parlerai plus bas.

H ij

Dans un Royaume si policé, & j'ose dire aussi vertueux, on doit s'attendre à voir l'amour paternel & filial porté au plus haut degré de tendresse & de générosité. Dès que les enfants sont parvenus à l'âge de maturité, le père se dépouille de son état & de sa fortune en leur faveur, & il n'est plus que leur hôte. Cependant on n'a point encore vû au Japon de parents abandonnés par leurs enfants. Il n'existe pas même de loi qui contraigne ces derniers à se charger de leur subsistance, qui ordonne & fixe des douaires aux femmes : un fils ingrat qui oublie l'auteur de ses jours, au point de le laisser languir dans l'indigence, est un monstre que le sol japonnais ne produisit jamais. Pourrait-on en dire autant de l'Europe ? Entre tous les exemples de piété filiale que je pourrais citer, je

ne choisirai que le suivant, le copiant
de l'Ouvrage du P. Charlevoix, tant
de fois cité. » Une femme était ref-
» tée veuve avec trois garçons, &
» ne subsistait que de leur travail : or
» comme les jeunes gens ne pou-
» vaient pas gagner suffisamment
» pour entretenir toute la famille,
» ils prirent, pour mettre une bonne
» fois leur mère à l'aise, une étrange
» résolution. On avait publié depuis
» peu, que quiconque livrerait un
» voleur à la Justice, toucherait une
» somme assez considérable. Les trois
» frères, que la pauvreté de leur mère
» touchait beaucoup plus que leur
» propre indigence, s'accordent en-
» tr'eux, qu'un des trois passera pour
» voleur, & que les deux autres le
» meneront au Juge : ils tirent au
» sort, pour sçavoir qui sera la vic-
» time de l'amour filial, & le sort

» tombe sur le plus jeune, qui se
» laisse lier & conduire comme un
» criminel. Le Magistrat l'interroge,
» il répond, qu'il a volé : on l'en-
» voye en prison, & ceux qui l'ont
» livré, touchent la somme promise.
» Leur cœur s'attendrit alors sur le
» danger que courrait leur frère ; ils
» trouvèrent moyen d'entrer dans la
» prison, ils l'embrassèrent amoureu-
» sement, & l'arrosèrent de leurs
» larmes : le Magistrat, qui, par ha-
» zard, les apperçut, fut extrême-
» ment surpris d'un spectacle si nou-
» veau. Il appelle un de ses gens,
» lui donne ordre de suivre les deux
» délateurs, & lui enjoint expressé-
» ment de ne les point perdre de
» vûe, qu'il n'ait découvert de quoi
» l'éclaircir d'un fait si singulier. Le
» domestique s'acquitta parfaitement
» de sa commission, & rapporta,

» qu'ayant vû entrer les deux jeunes
» gens dans une maison, il s'en était
» approché, & les avait entendu ra-
» conter à leur mère tout ce que je
» viens de dire, que la pauvre fem-
» me à ce récit avait jetté des cris
» lamentables, & qu'elle avait or-
» donné à ses enfants de reporter l'ar-
» gent qu'on leur avait donné, disant
» qu'elle aimait mieux mourir de
» faim, que de conserver la vie au
» prix de celle de son fils : le Magis-
» trat surpris au point qu'on peut
» imaginer, fait venir son prison-
» nier, l'interroge de nouveau sur
» ses prétendus vols, lui fait diverses
» questions à dessein de l'obliger à se
» couper ; & n'en pouvant venir à
» bout, il lui déclare qu'il sait tout ;
» ensuite après l'avoir tendrement
» embrassé, il alla faire son rapport
» au Cubo-Sama, qui, charmé d'une

H iv

» action si héroïque, voulut voir les
» trois frères, les combla de carresses,
» assigna au plus jeune quinze cents
» écus de rente, & cinq cents à cha-
» cun des deux autres ».

On dira peut-être que de pareils traits ont plus d'une fois étonné l'Europe ; en convenant du fait, je demanderai toujours si le gros des Européens en laisse souvent échapper de pareils , si l'on peut dire du plus grand nombre , que l'amour paternel & filial fait dans toutes les classes des héros tels que l'on en voit communément chez les Japonnais ? Je demanderai si l'on voit au Japon des pères & des mères , qui regardent leurs enfants comme des impôts mis sur leurs plaisirs , qui s'en débarrassent aussi tôt qu'ils sont nés , & qui leur défendent de prononcer le doux nom de père ou de

mère, quand ils les revoyent ; si l'on
y remarque des enfants lever info-
femment la main fur leurs parents,
rougir de leur appartenir, & les livrer aux horreurs de l'indigence &
du mépris, tandis qu'eux-mêmes
végétent dans la plus riche aifance.

On ne difconviendra pas fans
doute de la fidélité du Négociant
Japonnais ; j'en appelle aux Hollandais, qui entretiennent avec eux un
commerce réglé. J'ofe avancer qu'il
n'eft pas de Nation fous le ciel qui
trafique avec plus de bonne foi.
L'amour de l'hofpitalité eft encore
une vertu qu'ils poffèdent dans un
éminent degré ; l'étranger n'éprouve
de leur part que bons offices, qu'a-
mitié, que tendreffe. A tant de vertus fans doute, on peut ajouter celles
que l'on remarque dans les autres

peuples de l'Univers. Le détail en
eſt inutile. On a écrit tout ce que
l'on peut déſirer de ſatisfaiſant ſur ce
point. Les ſages admireront ces Inſu-
laires, les foux & les vicieux traite-
ront de viſions ce que l'on en ra-
conte. Heureux ceux qui les imi-
teront !

CHAPITRE X,

Des Vices des Japonnais.

CHAQUE Nation a ses vices : chaque climat en produit de caractéristiques. Les peuples du nord aiment à boire ; une excessive molesse énerve ceux du midi. Les Japonnais ne sont point sans défauts : on les accuse d'être altiers, défiants avec les Etrangers, vindicatifs, excessivement lubriques, ennemis déclarés des autres peuples de la terre.

Leur fierté dégénère souvent dans un sot orgueil ; elle n'est cependant pas aussi excessive que celle des Chinois. Un simple Soldat Japonnais ne voudrait pas frayer avec un Négociant. Sa profession est à ses yeux la

plus noble des emplois ; jufques dans
la pauvreté ; il conferve un air de
grandeur, qui tient affez de la ro-
domontade efpagnole. Au refte dans
ces manières altières, on ne faurait
rien découvrir qui fe fente de la baffeffe des fentiments ; quoique fouvent l'orgueil naiffe ou de la petiteffe
d'efprit, ou d'un dernier élan d'une
ame avilie ; l'homme le plus ram-
pant eft prefque toujours le plus fu-
perbe. Ce mélange de baffeffe &
d'orgueil n'eft point connu du Japonnais : il eft fier & hautain, parce
qu'il croit que ce ton fait partie du
point d'honneur dont il eft fi jaloux.

La défiance envers les Etrangers,
ne s'eft emparée des Japonnais que
depuis les diverfes tentatives que firent chez eux les Efpagnols, pour
s'établir au milieu d'eux, maîtrifer

leur commerce, & peut-être les fub-
juguer ; ils devinrent ombrageux,
quand ils virent les Européens auffi
entreprenants. Perfonne n'ignore les
cabales que firent les Portugais, les
divifions qu'ils femèrent adroitement
entre les grands, les hauteurs dépla-
cées qu'ils fe permirent jufqu'aux
pieds du trône, les fourberies qu'ils
mirent en œuvre pour furprendre la
vigilance & la bonne foi de ceux qui
les croiaient honnêtes gens. Mais les
Japonnais ne pouvaient-ils arrêter
les progrès de la cupidité efpagnole,
fans fermer leurs ports à tous les peuples de l'Europe ? Fallait il enve-
lopper dans une même profcription
l'innocent & le coupable ? Devaient-
ils fe priver des avantages d'un commerce univerfel, parce que les bour-
reaux des Mexicains & des Péruviens
voulaient faire du Japon une nou-

velle boucherie, & s'y enrichir des
dépouilles des Japonnais ? En pre-
nant les précautions qu'un sage politique inspire en pareil cas, ils auraient fait échouer les desseins am-
bitieux des Espagnols, sans inter-
rompre avec d'autres les relations
d'intérêt & de commerce. En pros-
crivant la religion chrétienne, ils
ont véritablement ôté à leurs ennemis la seule ressource qu'ils pouvaient se promettre, afin de réussir
au Japon comme dans l'Amérique.
Il fallait s'en tenir là, & profiter
toujours des avantages d'un commerce qui doublait leurs richesses.
Les autres peuples de l'Europe, plus
éclairés sur leurs vrais intérêts, auraient fait connoître chez eux les
productions du Japon, & ne se seraient point avisés de forcer des
peuples francs & polis à embrasser

une religion , qui pour s'établir n'a
reçu de son auteur d'autres armes
que la persuasion. Enfin les Japonnais disent qu'ils se suffisent à eux-
mêmes : ils ne sçauraient dissimuler
la perte habituelle d'une infinité
d'avantages qui perfectionneraient &
augmenteraient leurs richesses territoriales. Ils accueillent les Hollandais, mais ils n'en tirent qu'un médiocre profit par le défaut de concur-
rents. Les précautions, rigides jusqu'à
la puérilité , dont ils usent avec eux ,
font des entraves qui interceptent
les produits avantageux du commerce. L'expérience aurait dû cependant les tranquilliser sur le compte
de ces Marchands , qui ne sont pas
gens à se servir du prétexte de religion , pour troubler un état favorable à leurs affaires. La politique
exigeait-elle , ou plûtôt ne proscri-

vait-elle pas ces barbares exécu-
tions, qui ont fait pendant plusieurs
années, de l'Empire le plus admirable, un théâtre sanglant d'horreurs
& d'infamies? Les Ministres de l'E-
vangile proscrits, qu'était-il besoin
de bannir encore ceux qui pouvaient
faire parmi eux fleurir les beaux
arts? Cette défiance est donc un vice
destructeur; long-temps ils en seront
les victimes. Les Chinois eux-mêmes
ne font pas à l'abri de fes coups, &
quand ils viennent au Japon unique-
ment pour fe divertir, ils font fur-
veillés de manière qu'il leur ferait
difficile de cabaler pendant le féjour,
limité par le Cubo, qu'ils y font. Au
reste, cette défiance n'a point lieu
entre eux.

Je ne fais s'ils font auffi décidé-
ment vindicatifs, que plufieurs Hiftoriens le prétendent; cet efprit de

vengeance ne paraît guères compa-
tible avec tout ce que nous débitent
ces mêmes Historiens , du mépris
généreux qu'ils font des injures , de
la patience avec laquelle ils suppor-
tent les disgraces occasionnées même
par l'envie, la jalousie d'un rival. Il
est vrai qu'ils savent dissimuler leur
haine ; & quelquefois la vengeance,
pour être plus tardive, n'en est pas
moins réelle ; au reste ils se vangent
noblement ; jamais ils ne profitent
de la foiblesse de leur ennemi pour
le vaincre ou l'humilier ; une injure
dissimulée parmi eux n'est point la
marque d'une odieuse lâcheté. S'ils
diffèrent d'en tirer raison , c'est pour
ne rien donner à la fureur de l'emportement , & justifier en quelque
forte un crime forcé , c'est-à-dire ,
qu'ils veulent de l'ordre par-tout. Au
reste le Japonnais n'est point difficile

à appaiſer, ſi l'aggreſſeur peut allé-
guer une eſpèce de juſtification ;
mais point de grace, ſi l'honneur ne
peut être à l'abri de tout reproche,
ou ſi la réparation diffâme celui qui
l'a fait, le Japonnais ſe croirait dou-
blement deshonoré, ſi l'ennemi, qui
s'humilie, s'avilit par cette humiliation.

Les haines ſont rares, & je crois
que la rigueur des Loix ne contribue pas peu à les empêcher d'éclater.
Le Japonnais ne paraît pas avoir un
penchant à haïr. Il n'en eſt pas de
même des voluptés brutales qu'il
croit permiſes, & auxquelles il ſe
livre avec emportement. Il penſe
que tout déſir, en ce genre, doit être
ſatisfait, parce que, ſelon lui, il ne
naîtrait pas en nous, s'il devait y
mourir en naiſſant. Tout plaiſir eſt
inſpiré par la nature, ce n'eſt donc

pas un crime de le faifir par tout où il fe préfente. Ce raifonnement, concluant pour les Afiatiques, qui n'ont aucune idée du péché originel, l'eft également pour un grand nombre de jeunes Européens qui fe dépèchent de jouir, qui veulent tâter de tout, & qui fe privent des moyens de jouir long-temps. On ne connaît pas cependant au Japon les maux cruels qui font parmi nous la folde ordinaire du choix imprudent & de l'ufage immodéré des plaifirs ; & comme les femmes japonnaifes n'aiment point les mâles européens, avec lefquels d'ailleurs elles n'ont plus aucune relation, il n'eft pas à préfumer que ce poifon les infecte de fitôt.

Le mépris que les Japonnais font de nous & de notre mérite nous courrouce ; cependant le Chinois que nous honorons d'une entoufiafte admiration, renchérit encore fur ces Infulaires. Soyons de bonne foi, & nous conviendrons que nous connaiffons auffi-bien qu'eux l'art de méprifer nos femblables. Quel cas faifons-nous de certains peuples que nous appellons Sauvages avec lefquels toutesfois nous commerçons? Eft-ce par eftime que nous les dépouillons pour nous enrichir, que nous les corrompons pour fervir de jouets à nos paffions, que nous les achetons, ou pour les revendre, ou pour en faire des bêtes de charge? Et fans fortir des bornes de l'Europe, quelle eft l'eftime mutuelle que les Nations, qui l'habitent, fe témoignent? Que dit l'Anglais du Français, le Français de l'Anglais, l'Allemand de l'Efpagnol, celui-ci de l'Italien? Et quel cas fait-on des Républicains dans une Monarchie? On commence, il est vrai, à secouer le joug de ce sot préjugé ; on se donne mutuellement des louanges dans les Ouvrages publics ; on se voit, on se visite ; mais dans le particulier on se méprise , quelque fois on se hait ; un entousiaste voudroit que le Duc de Savoye mît les Gènevois aux fers ; & ceux-ci souhaitent que l'Empereur joigne la réalité au titre de Roi des Romains. Le Japonnais ne dissimule pas le mépris qu'il fait des autres peuples , & ce mépris s'est accru de beaucoup, depuis que les Espagnols lui ont montré à découvert l'injustice la plus criante. Les Chinois se préfèrent aux hommes de tous les païs, parce qu'ils les considèrent , comme de nouveaux venus, comme des ignorants. Le Japonnais rabaisse les Nations, parce qu'il en est séparé par de vastes mers , parce qu'il se suffit

à lui-même, & ignore d'où il vient.
Il fait que fes femblables, quant à la
forme, ne font ni moins favants,
ni moins induftrieux, ni moins opulents que lui ; mais parce qu'il n'am-
bitionne ni leurs talents ni leurs richeffes, il fe concentre dans fes Ifles, & ne daigne pas même envoyer
des Ambaffadeurs aux Souverains
qui lui font gratuitement cette poli-
teffe. A nos yeux, c'eft groffièreté ;
aux fiens, c'eft politique. Mais voici
quelque chofe de pis que l'impoli-
teffe. Celui qui ne peut nourrir &
élever les enfants qu'il fait, a le droit
de s'en défaire par la mort. Ce barbare ufage eft ancien & commun au
Japon. Les pauvres les expofent
quelquefois, au lieu de les tuer,
ou les vendent à des riches qui les
adoptent ; ce dernier cas eft rare ;
parce que le grand nombre de con-

cubines, dont les hommes opulents font pourvus, leur donne le moyen de remplacer les enfants légitimes qui meurent, & de suppléer facilement à l'infécondité de leur épouse légitime. Mais de quelque manière que les pauvres se défassent des fruits d'un amour indigent, on ne peut les disculper de cruauté, & la raison qu'ils donnent de leur conduite ne fait pas l'éloge de leur philosophie. Ils prétendent qu'en privant ces petits infortunés de la vie, ils leur épargnent des peines & des misères. Mais ils ne réfléchissent pas que dans un état aussi bien policé que le leur, il n'y a de misérables que ceux qui n'ont ni membre, ni courage. L'amour paternel est toujours assez industrieux pour diminuer le poids des maux inséparables de l'indigence. D'ailleurs la sensibilité si naturelle aux Japonnais opulents , ne permet pas de croire qu'on refusât au pauvre les secours qu'il solliciterait en faveur de son enfant. Pourquoi d'ailleurs dans ce grand nombre d'Hôpitaux , dont le Japon est rempli , ne s'en trouve-t-il pas de destinés à élever les enfants des pauvres ? C'est une inattention aussi impardonnable , que la manie affreuse des riches de l'Europe , qui craignent de donner des sujets à l'Etat , & violent en mille manières la sainteté de la plus tendre & de la plus belle union. On craint de devenir père , parce que l'on est riche , parce que l'ambition extravagante de faire un aîné tient lieu de sentiment naturel. On ne veut point partager une immense fortune , & l'on trompe la nature. Singulier effet du luxe !

CHAPITRE

CHAPITRE XI.

De la Religion des Japonnois. (15)

LA Religion des Peuples éloignés est un des objets qui a toujours piqué plus vivement la curiosité des Européens ; nous possédons des Relations, des Histoires, des Tableaux, des Essais, des Critiques sur la croyance de presque toutes les Nations, & nous n'en sommes pas plus instruits. Car enfin, à quel homme judicieux persuadera-t-on que des peuples entiers renferment la Divinité dans une pierre, dans un arbre, dans un reptile, dans un chiffon ? Le plus idiot conçoit aisément que toutes ces choses ne peuvent contenir la sagesse & la puissance inhérente à la Divinité,

I

Il eſt probable que l'on a mal conçu l'idée de l'idolatrie. Il ſe peut faire que les objets que nous regardons, comme les dieux des payens, ne ſoient que les ſymboles des attributs de la Divinité ; les Indiens qui ſe proſternent à la vûe du ſoleil, croient peut-être que c'eſt la forme ſenſible ſous laquelle le Dieu ſuprême ſe montre aux mortels. Jupiter, Saturne, Venus, célébrés par les Grecs, adoptés par les Romains, n'étaient que des Heros décorés de l'apothéoſe, devenus dieux inférieurs par les charmes de la poëſie.

Comme l'imagination des Orientaux ſe porte d'elle-même à l'allégorie, & tient de près à l'entouſiaſme, il n'eſt pas étonnant que l'on voye leurs différentes religions ſurchargées d'emblêmes, de figures, de myſticité. Ne pourrait-on pas demander

aux Hiſtoriens des cérémonies & de
la croyance des peuples de l'Univers,
ſur quel fondement poſent les détails
pompeux qu'ils nous ont donnés pour
des faits inconteſtables ? Il y a lieu
de croire qu'ils n'ont pas puiſé dans
les mêmes ſources, puiſqu'ils ſe con-
trediſent & ſe donnent mutuellement
le démenti ſur le même objet. Je
crois que pour parler exactement de
la foi religieuſe d'une Nation, il faut
entendre & comprendre ſa langue
naturelle, & celle même dans laquelle
ſes dogmes ſont écrits; car chez pluſieurs peuples le langage populaire
eſt tout-à-fait différent du langage
des Prêtres. D'ailleurs, n'arrive-t-il
jamais que l'on confonde les pratiques ſuperſtitieuſes avec le vrai dogme ? De combien de manières différentes n'a t-on pas expoſé la religion des Brachmanes & celle des

Éramines ? Ces anciens philosophes reconnaîtraient-ils leurs dogmes sur l'étiquette des Européens ? Je crains bien que l'on n'ait pû saisir encore le vrai sens de leur doctrine, laquelle, parmi eux comme ailleurs, n'était parfaitement connue que des initiés. Qui de nos savans & de ceux des derniers siècles ont possédé la science hyerogliphique à un dégré assez éminent pour donner du *certain* sur la religion des Egyptiens ? Par quel moyen constater la vérité des explications que l'on a faites de plusieurs monuments symboliques, qui peut-être n'avaient aucun rapport à la religion ?

On impute aux Japonnais les superstitions les plus extravagantes ? Mais sont-elles de l'essence de leur religion primitive & moderne ? Les Missionnaires les moins inexacts ne

s'accordent pas sur les diverses espèces de dogmes & de sectes qui ont
vogue au Japon. Purchat a confondu
les superstitieux usages des sectes
dont il fait l'énumération avec le véritable culte. Les Jésuites Froës ,
Gusman & Kircker , avouent que
tout dans la religion Japonnaise est
symbolique ; d'où je conclus qu'il faut
beaucoup en rabattre des imputations
dont on a noirci ces Insulaires. Il
paraît que les Historiens & les Voyageurs n'ont jugé de la vraie religion
de chaque secte que par les usages
particuliers , & qu'ils ont confondu
la figure avec la réalité.

Comme les cérémonies religieuses
du Japon semblent avoir quelque
rapport extérieur avec celles que
l'Eglise Catholique a consacrées ,
plusieurs Auteurs ont cru que les
premières avaient été modelées sur

I iij

les dernières, ce qui est manifeste-
ment faux & ridicule. Les cérémonies actuelles de l'Eglise Romaine
sont d'une institution postérieure de
plusieurs siècles à celles du Japon ;
le Christianisme n'était pas encore
établi, & l'on voyoit déja chez les
Japonnais la pompe éclatante du
culte extérieur. Saint François Xavier est le premier Chrétien qui ait
enseigné parmi eux la doctrine catholique ; & il trouva à son arrivée
les mêmes cérémonies que l'on y
voit encore aujourd'hui ; combien
donc est ridicule cette pensée du Père
Froës : *ecclesiasticos enim ritus dæmon
effingit.* Comment le diable pouvait-
il inspirer aux Japonnais l'imitation
d'une chose qui n'existait point encore ? Lorsqu'une nouvelle secte pa-
rut dans ces Isles vers la fin du trei-
zième siècle ou au commence-

ment du quatorzième, les Japonnais
avaient des rits semblables en partie
à ceux que nous observons en Europe, des processions, des pélerinages, des indulgences, &c. Ces
nouveaux sectaires y ont ajouté leurs
superstitions, qu'ils n'avaient certainement point empruntées des Catholiques. C'est donc un rêve délirant
de prétendre que ces peuples ont
imité ce qu'ils n'avaient point vû,
ce dont ils n'avaient jamais entendu
parler.

Même erreur sur le nombre de
sectes, que l'on fait monter presqu'à
l'infini ; parce que l'on a souvent
confondu les différents Ordres religieux avec ces sectes idéales ; c'est
comme si l'on disait qu'il y a plus de
vingt sortes de Religions en Italie,
parce qu'il s'y trouve des Moines de
toutes les espèces.

On place au rang des sectes religieuses une société d'esprits forts qui n'adorent aucune divinité, n'admettent qu'un Dieu, tel que celui dont l'obscur Spinosa s'est en vain efforcé de nous expliquer l'inintelligible idée, c'est-à-dire l'ame universelle répandue par tout, qui anime, qui vivifie tout,

Spiritus intùs alit, totamque infusa per artus,

Mens agitat molem, & magno se corpore miscet;

Mais c'est se jouer de la crédulité publique. Des Athées ne peuvent former une secte religieuse, ni même vertueuse. Les partisans de cette hypothèse que Possevin & Bayle ont découvert au Japon, ne déclament, n'écrivent point contre les opinions qu'ils méprisent. Je crois que ce sont des Sintoistes plus éclairés ou plus orgueilleux que les autres , qui, ayant peine à concevoir l'immortalité de l'ame , bornent leurs soins & leurs travaux aux choses présentes. La secte des Sintoistes ressemble beaucoup à celle des Déistes , & la majeure partie professe extérieurement ce qu'elle ne croit pas. Au reste, le sintoïsme n'enseigne presque rien ni de la nature & de la puissance d'un Dieu, ni de l'état de l'ame après cette vie ; & les Docteurs Sintoistes cachent avec un soin extrême les mystères du parti , si toutesfois ils ne sont pas de la nature du secret des Francs-Maçons. Leur morale n'est pas plus détaillée ; ils n'ont ni casuistes , ni cas de conscience. *Faites ce que la Loi naturelle ordonne : Ecoutez la voix de la raison : Soyez soumis au Souverain & à ses ordres : observez ce que la Loi civile prescrit :*

I v

voilà ce qu'ils prêchent au peuple sans
autre commentaire.

Le gros des Sintoiſtes, il eſt vrai,
ajoute à cette croyance ſuccinte des
pratiques extérieures , qui tiennent
beaucoup des uſages judaïques. C'eſt
une impureté parmi eux de toucher
les morts, de manger le ſang des animaux , d'être même préſent à leur
mort de porter la main ſur une femme
ſouillée par les menſtrues. Cette ſecte
a ſes pagodes ou temples ; mais les
progrès du Budſoiſme ont diminué
eurs revenus. Il eſt ſurprenant que l'o-
pinion la plus commode ſoit la moins
ſuivie : eſt-il rien en effet de plus doux
pour les paſſions que de ſe défaire de
la crainte de l'enfer , en niant ſon exiſtence, & cela par un principe de religion inculqué dès l'enfance. Les
Sintoiſtes ne connaiſſent point les
pénitences onéreuſes à la chair ; ils

ne la déchirent jamais pour plaire à
Dieu , ils ne jeunent point , ne couchent point sur la dure ; en un mot
rien n'eft plus accommodant que
leur fyftême. Les fêtes & les pélerinages font là , comme ailleurs , des
délaffements agréables , quelquefois
voluptueux. Les prières que les fidèles font dans les jours folemnels
font très-courtes. Ils vifitent une ou
deux pagodes, y laiffent une offrande
que le defervant ramaffe avec foin ,
mais ils obfervent de fe laver tout le
corps avant de fe rendre au Temple ,
& cette vifite eft toujours fuivie
d'une partie de plaifir qui abforbe le
refte du jour. Outre les Fêtes qui leur
font particulières, les Sintoiftes en
ont qui leur font communes avec les
autres fectes. Entre tous les pélerinages , le plus fameux fe nomme
Sanga : les Rigoriftes le font une

I vj

fois chaque année ; les moins timorés
le font faire. Les Prêtres d'*Ifie*, lieu
à pagode où fe rendent les pélerins ,
vendent des *Ofarays* , qui eft une
abfolution écrite de tous les péchés.
On enferme le certificat dans une
boëte , on a prudemment établi que
fon efficacité ne s'étendrait pas au-
delà d'une année. Les autres font
beaucoup moins célébres , & l'on s'en
difpenfe facilement.

Comme les Sintoiftes fe difent les
feuls dépofitaires de la tradition fur
l'origine du Japon & fur la formation
de l'homme , connoiffance qu'ils ne
communiquent aux initiés , qu'après
en avoir exigé un ferment folemnel
de ne rien révéler ; on les refpecte
comme les meffagers de la Divinité ;
on n'a pû encore trouver parmi eux
d'indifcrets , & je ne penfe point que
l'on ait jamais vû fortir de deffous la

preſſe un *Sintoiſte ſur l'échaffaud*. Le
Gouvernement n'eſt point allarmé
de cette exactitude myſtérieuſe à
garder le ſilence, parce que les Sintoiſtes n'enſeignent point une doctrine contraire au pouvoir ſouverain,
parce qu'ils reſſortiſſent, ainſi que les
autres, du Tribunal ſéculier dans tout
ce qui n'eſt pas immédiatement lié
au dogme; d'ailleurs la Cour n'ignore
pas l'objet & le motif de ce ſecret,
qui ſert plus efficacement la politique que la religion.

La ſecte des Budſoiſtes eſt la plus
nombreuſe & la plus puiſſante. Elle
s'introduiſit au Japon vers l'an 63 de
l'ere chrétienne. Un certain *Darma*,
Prêtre Indien, l'apporta de ſon pays:
il poſſédait toutes les qualités dont
on a beſoin, pour ſéduire ou pour
convaincre la multitude, il avait un
extérieur grave & auſtère, un goût

décidé pour la contemplation, une bonne poitrine, beaucoup de constance, & sur-tout une aptitude inimitable à faire des faux miracles. Cette doctrine fut goûtée au Japon, & une partie des Syntoïstes l'embrassa, sans abandonner ses premières idées ; mais les rigides s'opposèrent vigoureusement à ces nouveaux venus, qui, triomphant enfin des obstacles qu'on leur avait opposés, forcèrent les Sintoïstes récalcitrants à professer au moins extérieurement une religion singulière, & par cela même chère au peuple. Les Docteurs en effet enseignent que l'ame des bêtes n'est pas moins immortelle que celle des hommes, qu'il y a un paradis & un enfer, que les ames qui ont habité des corps soumis aux cérémonies du Budsoïme, goûtent des plaisirs ineffables dans le sein d'*Amida*, leur dieu

souverain ; cependant ils reconnoif-
fent divers degrés de béatitude , la
mefure des mérites eft celle de l'éternelle félicité. Ce Dieu Amida eft le
fauveur & le médiateur des Budoif-
tes , ils ne reconnaiffent aucun être
au-deffus de lui.

Il n'eft peut-être pas de religion
plus compliquée dans fes préceptes
moraux , qui font auffi vigoureux
que nombreux. On en compte au
moins fix cents. Ceux qui les violent
délibérément & par habitude , vont
en enfer , dont le gouvernement eft
confié à un certain *Jemma* , Lieute-
nant d'*Amida*. Ce Gouverneur ténébreux voit dans un grand miroir les
penfées les plus fécrètes des hommes ; il les pouffe au mal pour avoir
le plaifir de les tourmenter à fon
gré ; mais à force de prières faites
par les Prêtres Budfoiftes , on fe tire

de ce gouffre infernal, & Amida,
que les offrandes appaifent, renvoye
l'ame fur la terre pour habiter les
corps d'hommes ou de bétes, felon
le plus ou le moins de mérite.

Les articles fondamentaux de la
morale des Budfoiftes regardent le
vol, l'homicide, quelques articles
de l'impureté, le menfonge, l'ivro-
gnerie, le parjure. Ces péchés, felon eux, fe remettent facilement;
ils ont établi grand nombre d'indulgences & d'expiations légales; à tout
mal il faut un remède : & la crainte
de l'enfer donne de l'induftrie aux Japonnais fur qui elle opère avec force.

Les Budfoiftes ont de grands chapelets, dont ils font rouler les grains,
en récitant des prières affez longues,
il en eft un qui l'emporte en fainteté
fur tous les autres ; les dévots le ré-
citent trois fois le jour, & à l'exem-

ple des Espagnols , ils les portent
toujours ou à la main ou dans leur
poche. Les Moines en font un commerce très-lucratif , ainsi que des
billets bénis , sur lesquels ces Moines
prennent de l'argent à intérêt , & par
ce moyen ils en font des billets au
porteur. Les pélerinages sont fort en
usage parmi eux ; Debry , dans ses
Epîtres Japonnaises , en cite un , dont
Purchas assure la réalité , que je
range néanmoins parmi les fables.
J'en dirai toutesfois un mot pour
divertir le lecteur. Le pélerin arrivé
au terme de son voyage , se livre
entre les mains de certains Moines
sauvages , qui lui font observer le
jeûne le plus rigoureux , le promè-
nent de précipices en précipices ,
& lui imposent des austérités d'un
genre singulier & cruel. Si le pélerin
ose se plaindre ou omettre un seul

article de la pénitence, ces impitoyables Hermites le précipitent du haut d'un rocher. Il doit faire une confession générale & très-sincère de ses péchés, confession qu'on lui fait souvent répéter, afin de s'assurer de la sincérité de ses aveux ; c'est à peu près celle que l'on extorque dans les Tribunaux de l'Inquisition. On place ce pauvre pénitent dans une balance suspendue à une longue barre de fer, dont les deux bassins sont immédiatement au-dessus d'un précipice affreux, de manière, que si cet imbécile dévôt, placé dans un des bassins, manque à l'exactitude dans le narré de ses fautes, le Moine qui tient le bout de la barre la soulève, & lui donne une secousse qui le jette hors du bassin, & le fait rouler sur des pointes de rochers, qui le brisent, & souvent le tuent. Si la confession

est telle que l'exige la curiosité mo-
nachale, on ramene le pénitent dans
leMonaſtère, où il eſt régalé de ſpec-
tacles , de danſes, &c. toutes fois à
ſes dépens. On lui remet en main un
certificat qui contient un pompeux
éloge de l'efficacité du remède pour
la rémiſſion parfaite des péchés. Quelque crime qu'il commette dans la
ſuite, il eſt ſûr de jouir du paradis,
parce que l'abſolution qu'il a gagnée
au péril de la vie, s'étend ſur les futurs & les poſſibles.

La vénération pour les corps des
Saints de la ſecte, eſt un point de
religion ſi intéreſſant, que les Budſoiſtes épuiſent leur ſavoir-faire dans
les proceſſions qu'ils font avec leurs
cercueils & leurs ſtatues. Kœmpfer,
en a été le témoin oculaire, en fait
une belle deſcription; je crois qu'un
recueil circonſtancié des proceſſions

japonnaiſes pourrait être mis en parallèle avec les *Miléſiaques* d'Apulée.
Cette pompe extérieure dans le culte
a contribué plus que la prédication
de la doctrine à l'accroiſſement du
Budſoïſme.

Il exiſte encore une autre ſecte,
qui n'eſt point fort en honneur dans
l'eſprit du peuple, c'eſt celle des
Sintos; Kœmpfer les traite d'Athées;
ils ne ſont que déiſtes ou *philoſophes*.
Ils reconnaiſſent un Dieu conſerva-
teur, une ame ſpirituelle & immortelle; mais ils ſoutiennent que le
monde a toujours exiſté & ne ceſſera
point d'exiſter; ils ne diſcutent point
les attributs de la divinité, qu'ils
diſent incompréhenſibles, & ſe bornent à reconnoître ſon exiſtence. Ils
font conſiſter le culte qui lui eſt dû
dans la pratique de la vertu, & s'abſ-
tiennent de tout ſigne extérieur de

dévotion, ce qui les rend odieux au peuple. Les Sintos n'ont jamais été ennemis du Chriſtianiſme, Les Budſoïſtes les perſécutèrent à outrance, & les forcèrent d'aſſiſter aux cérémonies publiques, ils les croyaient partiſans, trop déclarés de la raiſon pour ne pas les rendre odieux. » Un débauché vaut mieux entre » les mains d'un bonze ou d'un der- » viche, qu'un homme qui veut » raiſonner : le premier ſe rend or- » dinairement par faibleſſe, l'autre » ne veut ſe rendre que ſur des aſ- » ſurances ſolides, dont la force lui » ôte les moyens de répliquer. Il » veut l'évidence dans les raiſons » qui lui demandent ſa conviction. » (Hiſt. des Cérém. relig. t. 6.)

Ces Sintos ne diffèrent preſqu'en rien dans la croyance des Sectateurs de Confucius : leur morale eſt la même ; & il est probable que cette secte a passé de la Chine au Japon. Comme elle n'est composée que de savants, lesquels ne se trouvent que parmi les grands, (en cela ils sont nos antipodes moraux) ; il n'est point extraordinaire qu'on la persécute avec tant d'emportement. La politique du Prince souffrirait avec chagrin une religion qui étend aussi loin les limites de l'empire de la raison.

Le Sintoïsme & le Budsoïsme ont engendré d'autres sectes, qui ne sont pas moins ridicules, il ne faut pas croire qu'elles soient autant de religions particulières ; non, il n'y a entr'elles que de très-légères variations dans les pratiques intérieures, on professe par-tout les mêmes dogmes fondamentaux.

CHAPITRE XII.

Observations particulières sur les Dieux du Japon.

ON juge assez ordinairement de la qualité & du rang des personnes par les honneurs qu'on leur rend. Un simple Gentilhomme Japonnais n'est point accueilli, comme un Gouverneur. Il n'en est pas de même dans l'ordre religieux, Un Empereur canonisé par le Daïro n'obtient pas toujours les mêmes honneurs qu'un simple bonze, placé dans le ciel par ce Pontife ; c'est que les Japonnais jugent du mérite de leurs demi-dieux par les avantages qu'ils en retirent après leur déification, par le pouvoir qu'ils exerçaient sur la nature dans le cours de leur vie paſſagère , par la réputation qu'ils ſe ſont acquiſe ; enſorte qu'ils ne manquent jamais de prétexte pour faire des Saints , ni de motifs pour engager le peuple à mettre ſa confiance dans leur interceſſion.

Parmi le grand nombre d'idoles qui fourmillent au Japon , & qui probablement ne ſont que les ſymboles parlants des attributs de la divinité , celle d'*Amida* ou *Omyto* eſt la première , la ſeule qu'on regarde comme l'image de Dieu ; & certainement c'eſt l'être ſupréme qu'ils dépeignent ainſi. Les ſymboles qui l'environnent ne permettent pas d'en douter. On le regarde comme le maître du temps dont le cercle d'or qu'il tient entre les dents , eſt la figure. Les ſept têtes du cheval ſur lequel il eſt placé ſont hyerogliphiques , & expriment ſept mille

mille siècles. Ce nombre prodigieux
d'années marque son éternité & l'antiquité de son culte. Les prières qu'on
lui adresse ne conviennent qu'à un
Dieu seul & souverain. Il est appellé
l'auteur des ames, le Sauveur des
hommes; les Japonnais attendent de
lui le salut & l'immortalité. En un
mot, *Amida*, de l'aveu des Auteurs
qui prennent les idoles du Japon
pour autant de divinités, est le premier, le plus excellent, le seul indépendant des dieux; on ne dit d'aucun autre qu'il est invisible, qu'il
existe avant les siècles, qu'il embrasse
tout par son immensité, qu'il est infini dans son être & dans ses perfections, qu'il voit & connaît tout ici-
bas, qu'il conserve & gouverne le
monde, sans être fatigué de cette
charge; on lui attribue un fils appellé *Canon*, qui préside à la mer.

Mais si l'on pénètre dans le secret de la Théologie Japonnaise , on voit sans peine que ce *Canon* n'est que la providence d'*Amida* , plus distinctement spécifiée & appliquée à la mer. Cela est si vrai , que les Japonnais conviennent unanimement qu'*Amida* est le créateur de l'Univers ; ce qui serait absurde , s'ils croyaient *Canon* le dieu suprême de la mer. Le rédacteur des Ambassades des Hollandais au Japon assure positivement que ce *Canon* est regardé comme le créateur du soleil & de la lune. Mais ceux qui peignent le Dieu du ciel & de la terre lui donnent plus d'une forme & plus d'un nom; en forment-ils différents Dieux ? Le Jésuite Charlevoix convient que les Japonnais représentent *Amida* sous mille formes diverses, sant la superstition est féconde chez

eux, tant ils font amateurs d'allégo-
ries & d'emblêmes : ces images
variées & multipliées de la divinité
s'amalgament facilement avec les extravagances du culte qu'ils lui rendent. On se noye, on s'étouffe, on
se précipite en l'honneur d'*Amida* :
c'est porter la dévotion un peu plus
loin, que ceux qui, dans l'Inde, se contentent de s'étriller & de faire diette
pour obtenir des graces temporelles.

Les Dieux les plus remarquables
après *Amida*, sont, *Xantai* & *Torranga*. Ce ne sont que des Saints, les
Japonnais le reconnaissent. Le premier est un Empereur qui s'est canonisé de son vivant, & qui a attaché
à sa personne la vertu d'enrichir les
indigents, de guérir les malades, de
ressusciter les morts. Un bon Edit
vint à l'appui de la canonisation, &

la terreur opéra dans les peuples la
confiance & le respect que la persuasion n'avait pû extorquer.

Torranga mérita l'apothéose par
ses exploits & son amour patrioti-
que. Les Temples élevés en son honneur sont moins l'effet d'une igno-
rante superstition, que le tribut de
la plus juste reconnaissance.

On se rit beaucoup du Taureau
hieroglyphique révéré à *Méaco*, &
l'on prend acte de ce culte, pour
imputer aux Japonnais une imbécile
idolâtrie. Ce bœuf est l'emblême de
la création. Ils vénèrent la vertu
infinie, qui tira toutes choses du
néant ; dans l'impossibilité de concevoir ce que c'est que créer, ils ont
recours aux types & aux figures ;
d'ailleurs ils sont trop éclairés pour
croire que la plénitude de la divinité
réside dans un animal fabriqué de la

main des hommes. Ils ont bâti, à la
vérité, des pagodes aux singes, & cela prouve à quel point de démence
peut se porter l'esprit humain, quand
la raison cesse de l'éclairer. Mais les
égards qu'ils ont pour ces bêtes n'enferment point un culte de latrie. Ils
nous apprennent eux-mêmes la cause
de cette vénération. La plûpart des
Moines ont persuadé au peuple que
les ames humaines passent souvent
dans le corps de ces animaux, ce
sont les ames des héros, des grands
hommes. C'est donc plûtôt aux dé-
funts qu'aux singes, que les Japonnais dressent ces pagodes. La four-
berie seule des Bonzes contribue à
la grande réputation dont ces subtils
animaux jouissent dans l'empire religieux du Japon.

Kœmpfer (liv. 5, ch. 10, & liv.
3, ch. 6), parle d'une idole appellée

Daï-Both, que les Japonnais adorent
comme le grand, le fouverain Dieu.
Mais Kœmpfer tombe en contradic-
tion avec lui-même. Car après avoir
dit que Daï-Both eft le dieu le plus
refpecté, que fon temple eft le plus
riche, il prétend qu'il n'eft qu'un
Apôtre venu d'au-delà des mers prê-
cher la vérité aux Japonnais. Si cet
Apôtre eft le plus religieufement
révéré de tous les dieux, il fuit de-là
ou que Kœmpfer ne fait ce qu'il dit,
ou que les Japonnais n'ont point
d'Amida les grandes idées que ce
même Kœmpfer leur prête, à moins
qu'il ne convienne que les Saints au
Japon captivent plus intimement la
confiance des peuples que la divinité même. Le Temple de *Daï-Both*
eft le plus magnifique de l'Empire,
mais cela ne prouve rien en faveur
de la fupériorité du Dieu ou du Saint

auquel il est consacré. L'Eglise de
Notre - Dame de Lorrette contient
plus de richesses que cent autres dé-
diées au Sauveur ; personne d'entre
les Chrétiens ne s'est avisé d'en con-
clure que la Vierge est au-dessus de
J. C. Si Kœmpfer n'a cru Daï both
le premier des dieux, que parce qu'il
est révéré dans un Temple au milieu
de mille statues d'or & d'argent, il
s'est trompé. Il n'est point le seul
Ecrivain, qui sur cet article ait
avancé des erreurs & des contradic-
tions. En voici une autre du même
Auteur. Kœmpfer avance que le
Temple le plus superbe du Japon est
dédié à Daï-Both ; & ailleurs il prétend que celui des mille idoles l'emporte sur le reste en richesses & en
beauté ; & dans la crainte qu'on ne
le soupçonnât de ne faire qu'une
seul Temple de ces deux édifices, il

K iv

nomme *Quanvvon* le Dieu adoré dans
ce Temple de mille idoles. Dapper
soutient qu'il se nomme *Canon* fils
d'*Amida*. Mais que cela soit ou ne
soit pas , il est constant , ou que
l'idole titulaire doit être ce même
Dai-Both dont j'ai parlé , ou que
Kœmpfer s'est trompé , en le faisant
loger dans la plus riche pagode du
Japon , puisque selon lui rien n'égale
la somptuosité de celui de *Quan-*
vvon.

Je ne donne ces remarques , que
pour faire sentir combien il est peu
sûr de s'en tenir aux relations des
Voyageurs ; & combien on doit rabattre de tout ce qu'ils avancent.

Il est plus probable que les Japonnais ont employé d'abord plusieurs types & figures allégoriques
pour représenter la divinité , que
pour rendre ses attributs plus sen-

sibles, ils ont varié leur culte à l'infini. D'ailleurs n'osant borner la
somptuosité religieuse à la divinité,
qui selon leurs principes, est un être
intellectuel, plus jaloux de l'hommage du cœur que de l'attirail pompeux des cérémonies, ils se font ra-
battus sur une prodigieuse quantité
de Saints regnicoles & étrangers, qui
entr'eux ont fait assaut de puissance.
On a vû en 1653 un Chinois nommé
Ingen accourir de la Chine au Japon
pour sauver le Budsoïsme du naufrage, & arrêter les progrès du
Christianisme, prêt à subjuguer la
superstition & la folie. Les prestiges
lui gagnèrent la confiance de la multitude aveugle, & surtout des Moines, qui trouvent mieux leur compte
avec les Saints modernes qu'avec les
anciens. Cet *Ingen* remit en vigueur
le culte négligé de plusieurs demi-

dieux, & engagea de nouveau l'empire dans les extravagances dont il commençait à se corriger. On distingua ceux d'entre ces demi-dieux qui présidaient à la santé, aux maladies, aux éléments. Ceux qui ne peuvent payer le Médecin courent au pagode, & reçoivent le même soulagement ; d'autres demandent à un Saint la conservation de leur santé, cette prière jointe à un bon régime produit l'effet désiré. Veut-on de la pluye on s'adresse aux Bonzes, serviteurs du Dieu qui préside aux éléments, & ils donnent des billets d'assurance d'autant moins équivoques, qu'ils sont les seuls faiseurs d'almanachs dans ce pays.

J'avoue que l'on ne peut concilier tant de philosophie avec les métamorphoses bizarres par lesquelles ils font passer la divinité ; mais il est

fûr qu'ils n'adorent ni le métal , ni
la pierre , ni le bois. Ils arrangent
fort mal leur culte , mais ils ne font
point idolâtres.

K vj

CHAPITRE XIII.

Du Daïro ou Souverain Pontife des Japonnais & de sa Cour. (16)

LA division des Ordres ecclésiastiques du Japon ressemble un peu à celle du Clergé Romain. Le Daïro en est le chef suprême , infaillible dans ses décisions , impeccable dans ses actions , mais il n'oserait s'arroger le ridicule & injuste pouvoir de déposer le Cubo. Ses revenus consistent dans les présents de la Cour ; dans le produit des graces spirituelles , dans de certaines offrandes que les Seigneurs lui font par politique , enfin dans le Domaine de la Ville & des environs de *Méaco* appellée la Ville sainte , autant à cause de la

résidence qu'il y fait, que pour le
nombre prodigieux de pagodes que
l'on y voit. Ces revenus sont considérables, & cependant ne suffisent
pas aux Courtisans du Pontife, gens
pauvres, avides & pleins d'orgueil ;
le faste religieux qui y règne est un
gouffre dévorant ; ce n'est là, comme
ailleurs, qu'une brillante pauvreté ;
& on ne doit pas en être surpris
parce que le nécessaire des Prêtres
Japonnais ne donne jamais lieu au
superflu.

On a cru au Japon, que pour donner du relief à l'autorité spirituelle
du Daïro, il fallait lui supposer une
bonne dose de perfection, qui en
fit un vice-dieu sur la terre. Un Laïc
n'oserait le regarder en face sans être
puni comme un profanateur. Les
orgueilleux Courtisans de ce Pontife

ont établi une étiquette des plus gê-
nantes. On ne lui coupe les super-
fluités du corps que pendant le som-
meil, car on tient pour certain qu'il
doit être entier. La barbe & les on-
gles coupés se conservent avec soin ;
& l'eau dans laquelle on lui lave les
pieds est considérée comme un remède efficace contre certaines souil-
lures de l'ame ; les dévots en font
provision ; mais les indévots s'en
moquent. Jamais le Daïro ne touche
la terre de ses pieds ; on le porte par-
tout, & toujours voilé ; sa vaisselle
ne sert qu'une fois ; on la brise ensuite, & les tessons deviennent reli-
ques ; elle est de terre vernissée ; ce
sont des Prêtres qui le servent ,
& dont les appointements sont
payés par le Cubo-Sama : aussi se
trouvent-ils parmi eux des espions
qui éclairent sa conduite ; la garde

nombreuſe qu'on lui donne , ſous le
prétexte de faire honneur à ſa dignité , a pour objet la ſûreté de l'état
qu'il troublerait , s'il s'aviſait de ſor-
tir des bornes de l'autorité ſpirituelle. Comme les Daïros ſont de la
famille des anciens Empereurs , ils
ne peuvent faire un retour ſérieux
ſur leur primitive grandeur , ſans
pouſſer des ſoupirs qui deviendraient
peut-être efficaces par la multitude
de ſerviteurs dont ils ſont environ-
nés & de faux dévots , qui les reſ-
pectent juſqu'à l'adoration , ſi l'on
ne veillait avec exactitude ſur leurs
démarches. Cet état de dépendance
dans lequel le Cubo-Sama tient le
Daïro ne contribue pas peu à la ſûreté de l'Empire , & renferme les
Prêtres dans les fonctions purement ſpirituelles , il n'y a point
là de matière mixte. Ils prêchent au

peuple, que les Saints trépassés rendent leur visite à certains jours de l'année : le P. Louis Froës dans ses Epîtres japonnaises, assure que le Prince spirituel loge chez lui plus de 300 idoles, chargées de faire sentinelle chacune à leur tour aux pieds de son lit ; & s'il arrive qu'il passe une mauvaise nuit, celles qui étaient de garde reçoivent des coups de bâton, & sont exilées pour un certain temps.

Le premier Ordre Sacerdotal est connu sous le nom de *Peuple céleste* ou *Kuge*. Ceux qui le composent ont sous leur Jurisdiction certain nombre de Pagodes, de Prêtres & de Fidèles ; mais comme ils résident toujours à la Cour du Daïro, ils créent des Vice-gérens chargés du salut du troupeau, d'en recueillir les aumônes, & d'avertir leurs maîtres, quand elles sont insuffisantes.

Tous les Prêtres du Japon ne sont pas obligés de garder le célibat ; le Daïro lui-même est marié , & si le sainteté se communique par la voie du mariage , il est hors de doute que sa femme est de toutes les créatures femelles la plus sainte ; outre cette femme légitime , il a des concubines en grand nombre , autre objet de dépense. On ne dit pas si les Princes de sa Cour ont comme lui un sérail.

Tous les Moines ne jouissent pas du privilège du mariage ; on les oblige au célibat ; mais ils se dédommagent d'une singulière manière de cette affreuse contrainte.

Les Généraux d'Ordre résident à Méaco , & n'en peuvent sortir sans la permission expresse du Daïro , ils sont tous de sa nomination , ainsi que les Supérieurs de la seconde classe. Ils jouent un grand rôle dans cette

Cour , & exigent de fortes contributions des Monaſtères qui leur ſont
ſoumis ; quand on tarde à les fournir , les châtiments les plus rigoureux en accélèrent le payement.

Les vœux ne ſont pas de même
eſpèce dans tous les Ordres. On en
trouve de conditionnels & d'abſolus.
Et il y a un Ordre dont les Religieux
après un certain temps de clôture ,
ont le droit de ſe marier & d'élever
les mâles dans le Monaſtère. Le nombre en eſt quelquefois ſi grand , qu'ils
ſont obligés d'aller chercher fortune
ailleurs.

En général les Moines Japonnais
ſont grands Prédicateurs , & moins
ignorants qu'à la Chine , pluſieurs
d'entr'eux enſeignent la jeuneſſe , &
quoique leurs mœurs ſoient très-
équivoques , les Japonnais à qui tout
plaiſir paraît licite leur confient l'éducation des enfants ſans ſcrupule.

J'ai déja dit que le Chapelet était
fort en vogue parmi le peuple. Les
Moines furtout le portent toujours
ou à la main ou pendu à leur ceinture. Cette prière de routine leur
tient lieu d'une occupation plus fé-
rieufe & plus utile. Il n'eft point de
pratique fuperftitieufe dont ils ne faf-
fent parade en ce païs, dévoué à une
éternelle fuperftition ; l'écorce de la
dévotion fuffit , parce que l'on eft
moins gêné en s'attachant à la lettre
qui tue, qu'en étudiant l'efprit qui vivifie. Trente ou quarante chapelets
récités avec un air dévôt n'empêchent
pas celui qui les récite de fe livrer
fécrétement à fes paffions ; il trouve
dans fon chapelet tous les remèdes
aux maux de l'ame ; mais ce qui pour
lui eft mille fois peu flatteur ; c'eft
que le peuple , qui ne juge des hommes que par les dehors , voyant un

Moine, le chapelet à la main, les yeux baissés, les bras croisés, le prend pour un saint qui a le droit de pêcher sans se souiller.

Le chant de la nuit est en usage parmi les Moines Japonnais; ils se lèvent à certaines heures, & s'assemblent dans leurs pagodes pour y chanter des Hymnes, faire des Oraisons jaculatoires, & se donner la discipline. Le Noviciat dans la plûpart des Ordres est fort austère, & le silence y est rigoureusement observé pendant ce temps d'épreuve; on exige des Novices une soumission aveugle aux ordres des Supérieurs, ce qui fait voir bien du chemin à ces jeunes gens; cette obéissance leur tient lieu de raison & de bon sens. Ceux qui apportent au Monastère des sommes considérables jouissent d'une grande liberté dès que le No-

viciat eſt achevé. Dans les Couvents
où l'on ne reçoit que des nobles, le
régime eſt ſi doux, qu'à l'exception
de l'habit ils ne ſavent point s'ils ſont
cloîtrés.

On voit au Japon un Ordre de
Religieuſes mendiantes, filles qui
font vœu de ſe rendre utiles aux
Voyageurs. Il n'eſt rien qu'elles ne
faſſent pour attendrir le cœur de
ceux auxquels elles demandent ga-
lamment l'aumône. Elles rendent un
compte exact de leurs quêtes à la
Supérieure qui les gouverne, & lorſ-
que l'âge où la fatigue a terni l'éclat
de leurs pieux attraits, elles rentrent
dans le cloître pour y remplir les
fonctions deſtinées aux vieilles, & ſe
nourrir dévotement du ſouvenir de
leurs complaiſances & de leurs vic-
toires paſſées.

On voit encore des Reclus à peu

près semblables à nos Chartreux ,
mais qui en diffèrent par la réputation qu'ils ont de s'appliquer à l'é-
tude ; le Cubo-Sama choisit souvent
parmi eux des Ministres d'Etat , ce
qui prouve qu'ils lisent d'autres livres que ceux de l'Institut. Chaque
année ces Moines livrent à la presse
bon nombre de productions intéres-
santes. Ils sont peu nombreux , mais
fort estimés.

Le nombre des Monastères Japonnais n'est point exactement connu ;
ce que l'on sait, c'est qu'il y en a
plus d'un mille dans les environs de
Méaco , & presqu'autant dans ceux
de *Jedo*. Leur situation est toujours
très-riante. Rien n'y manque de tout
ce qui peut contribuer aux délasse-
ments de l'esprit & aux plaisirs du
corps. Les Séculiers y font des parties agréables; la contrainte est abso-

lument bannie de ces lieux enchan-
tés. Il eſt bon d'obſerver que ceux
des Japonnais qui choiſiſſent les Monaſtères pour le théâtre de leurs
plaiſirs, ſont les plus incrédules ſur
l'article des dogmes & des cérémonies religieuſes ; s'ils mépriſent la
croyance populaire, ils en recher-
chent avidement les voluptueux abus.

CHAPITRE XVI.

De quelques traits de ressemblance qui se trouvent entre les Japonnais & les Anglais.

DEPUIS que les Français commencent à rendre justice au mérite des Anglais, pourquoi ceux-ci ne suivent-ils pas un aussi bel exemple ! La jalousie doit conduire à l'émulation, jamais à la haine. La rivalité entre les Nations est un puissant véhicule pour parvenir mutuellement à la perfection, mais lorsque le mépris s'en mêle, elle dégénère en pétitesse. Les parallèles que l'on a fait dans l'un & l'autre Royaume, loin d'adoucir les esprits, les ont

portés

portés au contraire à un point d'ai-
greur étonnant; on se traite réciproquement avec dédain dans les écrits,
soit à Paris, soit à Londres. Je ne
crois pas que celui que j'ébauche
puisse donner de l'humeur à qui que
ce soit; au reste j'en fais d'avance
mes très-humbles excuses aux jaloux,
aux atrabilaires.

L'Anglais, (je parle de celui qui
n'est point encore abâtardi par la
nouvelle législation, l'Anglais a plus
de vertus (17) que de vices, & il
porte à l'héroïsme celles qui lui sont
particulières : le Japonnais ne connaît point de vertus médiocres ; sa
fermeté, sa générosité, son amitié
sont sans bornes, l'Anglais donne un
peu plus à l'intérêt personnel; quoiqu'il soit franc & généreux ami. Le
bien public, l'amour de la liberté
(18) lui inspirent ce que le Japonnais

fait pour le point d'honneur. L'un &
l'autre n'ont qu'un attachement ver-
satile à la religion ; une infidélité fo-
litaire leur plaît ; l'un s'applaudit de
fon indifférence religieufe , l'autre
refpecte extérieurement ce qu'il ne
croit pas. On a banni la religion
chrétienne du Japon , & (19) la doctrine catholique de l'Angleterre ;
celle-ci parce que l'on attribuait des
vûes ambitieufes à fon chef , l'autre
parce que l'on craignait qu'elle ne
fût un prétexte de foumettre des
peuples indépendants à l'autorité &
au pouvoir des Efpagnols. Dans les
deux Etats on s'eft permis à ce fujet
des cruautés , des vexations inouies ;
mais on doit convenir que le Japonnais eft moins coupable que l'Anglais ; car celui-ci pouvait retrancher
les abus qui le révoltaient , & confer-
ver intact le dépôt de la vérité. Il

ne pouvait le diffimuler à lui-même
l'odieux d'un changement , qui n'a-
vait pour principe que l'erreur d'un
Prince impétueux dans fes paffions ;
pour opérer ce changement , il fallait avouer qu'on s'écartait du véritable dogme , ou que l'on avait été
dans l'erreur depuis l'établiffement
du Chriftianifme dans cette Ifle fa-
meufe ; le Japonnais n'avait à l'arrivée des Miffionnaires aucune connaiffance des dogmes de l'Evangile ,
il ne pouvait connaître encore la force avec laquelle cet Evangile incul-
que l'obéiffance aux Rois de la terre,
& peut-être n'avait-on point dit au
Japon un feul mot de l'incompati-
bilité de la morale de J. C. avec la
politique des Emiffaires du Roi d'Efpagne. Le Japonnais crut que le Chriftianifme allait le foumettre à un joug
étranger , & il dut le croire , puifque la

L ij

conspiration qui éveilla la prudence du Gouvernement avait été l'ouvrage en partie de ceux qui voulaient de la part d'un Roi Chrétien lui persuader de reconnaître un Souverain de l'Europe.

Le Japonnais est adroit, industrieux, actif & vigilant. Il tend à la perfection dans tous ses travaux; ce qui sort de ses mains est fini. L'Anglais a poussé les ouvrages, dont il est l'inventeur, au plus haut dégré de délicatesse. Son commerce est très-étendu, & il semble que pour avoir changé d'hémisphère il n'en sera pas moins opulent. Il n'est point de péril que l'Anglais n'affronte dans la vûe louable de tirer un parti avantageux de ses talents; aussi intrépide dans un vaisseau battu par la tempête que dans un bataillon quarré, il fait céder l'amour de la vie à la gloire, à l'intérét.

Le Japonnais eſt philoſophe par
tempéramment , l'Anglois par ſin-
gularité. Le premier cherche moins
à s'inſtruire qu'à mener une vie pai-
ſible & voluptueuſe. Le ſecond tend
à l'immortalité dans ſes recherches ,
& préfére la ſatisfaction de l'eſprit à
celle des ſens. Tous deux exceſſifs
dans leurs paſſions , tous deux immo-
dérés dans leurs plaiſirs : le Japonnais eſt né voluptueux , l'Anglais le
devient par le commerce des Etrangers. Chez l'un , c'eſt un penchant
vif ſans emportement , il va chez
l'autre juſqu'à la fureur.

La propreté eſt commune aux
deux Nations , mais la ſobriété n'appartient qu'au Japonnais. La police
eſt ſage , éclairée dans la Grande-
Bretagne , elle eſt plus ſévère au
Japon & mieux obſervée ; ici point
ou peu de procès ; là ils ſont mul-

tipliés, dispendieux & éternels. Ils
deviennent un contrepoids funeste à
la liberté nationale, quoiqu'elle soit
un prétexte de leurs longueurs.

Le Japonnais fier de sa situation,
de son commerce & de ses richesses,
se croit inexpugnable & indépendant
de l'univers ; l'Anglais se soucie peu
de ses voisins ; & peut-être se ren-
fermerait-il dans son Isle, si l'avidité
des conquêtes n'aiguillonnait son
orgueil. Il s'étend & se perd ; accablé sous le poids d'une dette immense, affaibli par ses divisions in-
testines, luttant aujourd'hui contre
le despotisme qui le presse, il ne
peut trouver de ressource que dans
le renouvellement de l'esprit national
qui a passé les mers. Le Japonnais est
à l'abri de ces secousses dangereuses ;
il défend son pays, mais n'en cherche point de nouveaux ; il se suffit

à lui-même, il le fait & agit en conséquence.

Le point d'honneur au Japon fait
le même effet que le zèle de la grande
charte à Londres ; le fuicide, ainfi
que je l'ai dit, eft toujours l'effet
de la réflexion dans le Japonnais,
l'Anglais fe tue avec des motifs
moins plaufibles. Le Japonnais fe
vange d'un ennemi avec une certaine grandeur d'ame, que l'Anglais
ne confulte pas toujours, & fi l'on
veut rapprocher les deux peuples,
de manière à confondre leur caractère, c'eft de confidérer la haute
idée que l'un & l'autre fe font formée
des droits de l'humanité. (20)

Les fciences abftraites ne font pas
du goût des Japonnais, & il n'eft
peut-être aucune Nation fous le Ciel
qui les ait cultivées avec autant de
fuccès que les Anglais. (21)

L iv

S'ils n'ont pas la délicatesse du goût,
ils ont la solidité qui lui est préférable. Une certaine liberté de penser (22) & d'écrire, ne contribue
pas peu à former le génie, à multi-
plier les savants ; peut-être les Japonnais surpasseraient ils tous les Ecrivains de l'un & l'autre hémisphère,
s'ils connoissaient le prix des sciences
qui ont donné à la terre des savants
de toute espèce.

Personne n'ignore avec quel zèle
les Jésuites ont déclamé contre
les Hollandais, les accusant hautement d'avoir sollicité l'Empereur
du Japon d'extirper le Christianisme & les Chrétiens ; d'avoir sug-
géré la cérémonie infâme du *Jesumi*,
& de s'y être soumis les premiers. Ils
leur attribuent des bassesses & des
extravagances, soutenant dans des
livres répandus partout, qu'ils n'ont
obtenu la permission de commercer,

que sous la condition de servir de
jouets & de baladins à la Cour de
Cubo-Sama.

Je n'entreprends point de justifier
une Nation à laquelle on a rendu
assez de justice , pour la croire in-
capable de s'avilir par intérêt (23) ;
on l'a pleinement justifiée des imputations atroces dont on a essayé de
la noircir ; mais je ne saurais omettre
une réflexion qui m'a toujours frap-
pé , réflexion qui est dûe à la lecture
même des Ouvrages dans lesquels on
traite les Hollandais avec si peu de
ménagement.

Si par de noires intrigues , les
Hollandais eussent engagé l'Empereur du Japon à exterminer les Chrétiens de ses Etats ; pour prix de cette
manœuvre ils auraient dû jouir d'une
plus grande liberté , puisqu'en découvrant le danger dont l'Empire
était menacé , ils rendaient un ser-

L v

vice qui ne pouvait trop se payer.
Cependant quelle a été leur récompense ? Les Portugais ont avancé
que les Hollandais, profitant de la
faveur naissante dont ils jouissaient,
avaient insinué à la Cour Impériale
que les Missionnaires étaient des espions gagés par la Cour d'Espagne,
qui prétendait subjuguer le Japon
par la voie de la religion. Mais, si les
Hollandais avaient tenu ce langage,
l'Empereur loin de prendre ombrage
de leur commerce, aurait dû applaudir au contraire à leur sincérité, à
leur droiture, & leur accorder une liberté telle qu'ils l'avaient sollicité,
ou il faut convenir qu'il est également criminel au Japon de révéler
une conspiration, & de la tramer,
On défie encore les ennemis des Hollandais de prouver que l'impiété du
Jesumi ait été suggérée par leurs Ambassadeurs, ni qu'ils l'ayent prati-

quée. Les proteſtants ſont ennemis
du culte des images, mais ils ne
pouſſèrent jamais l'audacieuſe impudence juſqu'à marcher & cracher ſur
un crucifix ; ſi dans les temps de
trouble & de vertige quelques fa-
natiques ſe ſont livrés à de pareilles
horreurs, la ſecte entière n'en fut
jamais complice, moins au Japon
qu'ailleurs.

On leur fait un crime de ſuivre
l'étiquette de la Cour de *Jedo*, &
on plaiſante mal - adroitement ſur
leur docilité, que l'on traite de ſou-
pleſſe & d'aviliſſement. Mais on a
donc oublié que les Souverains A-
ſiatiques exigent des Ambaſſa-
deurs des témoignages extraordinaires de reſpect, & que le cérémonial, pour être différent du nôtre,
n'en eſt pas plus ridicule. (24) Lorſ-
que l'Empereur fit danſer en ſa pré-

fence les gens de la fuite de l'Am-
baffadeur, il voulut connaître le *faire*
de cette Nation dans un genre de
divertiffement, pour lequel fes fujets
font paffionnés, & dans lequel les Hollandais font peu de merveilles. Voilà
tout le myftère. Le Japonnais n'a
point un caractère porté à la plaifante-
rie. Les préfents que le Cubo-Sama
rend aux Hollandais, prouvent qu'ils
ne font point à fa Cour des objets de
mépris ; & pourquoi fi on les traite
en bouffons, cherche-t-on encore
à diminuer par de bonnes façons le
chagrin que leur caufe la contrainte
dans laquelle on les tient à *Nangazaqui* ? Peut-on fuppofer dans les
Empereurs Japonnais affez de baffeffe, pour accepter les préfents
d'une Nation, qu'ils fe feraient un
plaifir malin d'avilir, & affez d'in-
conféquence pour lui en faire de
plus riches que ceux qu'ils reçoi-

vent ? Il fallait bien accuſer quelqu'un d'une perſécution horrible
qui deshonore la Nation Japonnaiſe ?
Les Hollandais ſe trouvant là , on
leur a prêté ſans façon cette infernale
politique , eux qui tolèrent dans leurs
Etats les Catholiques , & ne ſouffrent
pas même qu'on les inſulte par écrit.

NOTES.

[1] Depuis quelques années on n'entend parler que d'indépendance naturelle & de liberté. Ne dirait-on pas que l'homme est né pour dominer fur tout , & juger en arbitre fuprême des cas où il doit obéir dans la société civile , de la néceffité plus ou moins fenfible des loix qui doivent le régenter dans toutes les claffes , dans toutes les conjonctures poffibles. On lit dans plus d'un Livre goûté , dévoré par le public , que le premier homme qui mit fes femblables fous le joug , fut un tyran, un brigand, un voleur, un affaffin. J'ai la faibleffe de confidérer cela comme un paradoxe , & je crois fermement que nous fommes tous nés pour dépendre d'un maître quel qu'il foit , qu'un maître unique eft préférable à trente ou quarante maîtres , qui , tout en fe déclarant les protecteurs de la liberté , enchaînent

cette liberté, & s'arrogent un pouvoir
d'autant plus irréfiſtible, que le peuple
l'étend lui-même ſans s'en appercevoir,
avec plus de zèle & moins de réflexion.

[2] Nous ne connaiſſons aucun Gouvernement qui offre une ſuite de légiſla-
tion & d'adminiſtration auſſi conſtante,
que celui de la France.

[3] Jamais la Religion chrétienne n'inſ-
pira la révolte contre les Princes, elle
ordonne au contraire une obéiſſance entière à leurs ordres, elle veut que nous
ſoyons ſoumis à nos Souverains, quelques méchants qu'on les ſuppoſe, ou
qu'ils ſoient en effet. Et il m'a toujours
paru fort étrange qu'on ait voulu la rendre reſponſable des prétentions ambi-
tieuſes de pluſieurs Chrétiens, qui dans
des ſiècles de vertige & d'ignorance, ont
oſé inventer, ſoutenir & répandre une
opinion que le corps entier des Fidèles a
toujours eu en horreur? Que penſeroit-
on d'un homme, qui après avoir parcouru
attentivement les productions des modernes Philoſophes où ils traitent des Loix
du Gouvernement, des Souverains, de

l'indépendance de l'homme , conclurait
que la philosophie est ennemie de toute
autorité , & que les trônes sont chance-
lants , si on admet tout ce qui a été dit ,
écrit , imprimé sur les points importants.
On lui répondrait , mon ami , votre conséquence est fausse ; parce que des génies
transcendants abusent magistralement du
nom de la philosophie , devez-vous lui
attribuer leurs erreurs , & la rendre complice de leurs attentats ?

[4] Ce penchant à l'indépendance est
bien moins un sentiment naturel , que le
vice d'un cœur déréglé par l'orgueil.
Nous voyons des hommes qui se disent
philosophes , soupirer dans un Etat monarchique après la félicité prétendue des
peuples qui vivent en république. Et quel
autre motif qu'un inquiet orgueil les
porte à mépriser le Gouvernement sous
lequel ils sont nés , & à exagérer les
avantages d'une administration qui n'est
ni plus sage ni plus analogue au bonheur public ? La France est de tous les
Etats de l'Europe celui où le Citoyen vit
dans une plus grande sécurité. On ne s'y

apperçoit pas du pouvoir monarchique ;
les impôts partout ailleurs font aussi multipliés , & quelquefois plus onéreux. La
propriété n'y fouffre aucune atteinte. Les
Loix y font moins fanguinaires , moins
barbares , que dans les Royaumes mêmes
où l'on parle avec tant d'enthoufiafme , de
liberté , d'humanité. Il faut l'avouer ,
l'homme le plus éclairé n'eft pas toujours
le plus judicieux.

[5] Je pofe en fait , que la France a
moins éprouvé de révolutions que l'Angleterre , la Hollande elle-même , l'Italie , l'Efpagne , & qu'elle eft moins ex-
pofée à reffentir les fecouffes & les agi-
tations de l'efprit de difcorde & de rébellion que tous ces Etats.

[6] Il vaut bien fans doute cette anarchie philofophique des Anglais , cette
conftitution fingulière qui a prefque
anéanti la Pologne , cette adminiftration
cruellement myftérieufe , qui du peuple
de Venife en fait un troupeau d'efclaves,
&c. &c.

[7] La méthode de lever les impôts &
les droits en nature , eft impraticable en

Europe, où un syſtême de commerce plus compliqué, eſt incompatible avec la bonne foi néceſſaire à une ſemblable perception. Les Souverains tireraient un médiocre avantage d'une ſemblable taxe. Car il ne ſuffirait pas d'établir partout des magaſins, il faudrait de plus exiger que les matières perçues, ſous la dénomination de droit, fuſſent vendues avant toutes les autres marchandiſes ou denrées ; en ce cas ce ſerait une nouvelle entrave donnée au commerce. Si les Princes qui admettraient certe ſorte d'impoſition, convenaient avec des Fermiers d'une ſomme fixe annuellement, les Fermiers multiplieraient les vexations, les concuſſions ; & d'ailleurs combien d'objets que l'on ne pourrait percevoir en nature ? Ce qui eſt avantageux à certains Cantons de l'Aſie, eſt donc d'une exécution impoſſible dans les contrées de l'Europe & *vice verſâ*.

[8.8.] Il n'eſt point aujourd'hui de Royaume en Europe, où l'on ne faſſe *en vers & en proſe* l'éloge de l'Agriculture ; d'où vient donc que partout les habitants des

campagnes sont les citoyens les plus mé-
prisés , les plus foulés , les plus indigents ?

Les louanges de l'Angleterre ont re-
tenti dans les quatre coins de l'Europe.
Parfaits dans la législation , parfaits dans
la politique , parfaits dans l'art agricole ,
parfaits dans le commerce , parfaits en
tout , les Anglais , si l'on en croit certaines têtes exaltées , sont des modèles
universels. Ah! qu'ils sont heureux! Nous
avons la sotte manie de le dire , & plus
éclairés que nous , ils le nient. Ils envient
notre sort , & ils ont raison ; nous envions
le leur , parce que nous vous laissons
éblouir par l'étalage fastueux des avantages que l'on suppose exister chez eux ,
& qui n'y sont qu'en peinture. Des Ecrivains mécontents , ou qui aspirent à la
célébrité , déclament à tort & à travers
contre le Gouvernement , qui a la com-
plaisance de les laisser délirer à leur gré ;
& les Anglais eux-mêmes rient de cette
prévention que l'expérience confond.
Volez , célèbres réformateurs , dans cette
Isle fameuse , qui a pour vous tant de

charmés, allez parcourir les Provinces, interrogez le Laboureur, le Commerçant, & rapportez-nous fidèlement leur réponse : nous la comparerons à vos sublimes écrits, & le résultat de cette comparaison sera, . . . quoi ? Une preuve démonstrative ou de votre ignorance ou de votre mauvais cœur.

[9] Vœu inutile ! Le cupide intérêt plus fort que les loix de l'équité, est un hydre que l'on ne pourra jamais extirper. Il faudrait étouffer les haines nationales, & elles sont si fructueuses pour tant de gens à prétention. . . .

[10] On n'en impose point ; la plûpart des Provinces de l'Angleterre offrent aujourd'hui des plaines considérables abandonnées par les Cultivateurs opprimés, à la plus grande stérilité : la Province de Galles est dans un état de détérioration effrayante.

[11] Ce vœu est des plus sages ; on le forme depuis un siècle, mais en vain. Quels sont donc les obstacles qui en retardent l'accomplissement, l'intérêt personnel ?

[12] Il faut excepter la France, dont
le Monarque bienfaisant, à son avène-
nement au trône, a sacrifié son intérêt au
bien de ses sujets, & n'a opéré aucun
changement dans la monnaye.

[13] On doit rendre justice en France
à ceux qui veillent actuellement sur l'éducation publique. Ils ont banni en partie
cette routine antique, qui rendait inutile
la plus longue instruction. Les Moines, à
qui l'on a confié des Collèges, s'appliquent à corriger les défauts inhérents à
leur état, relativement à l'éducation de
la jeunesse. Et comme aujourd'hui l'esprit de corps est moins dominant, on
voit des Professeurs plus instruits, & par
conséquent plus utiles.

[14] Ce défaut a regné longtemps parmi
les Moines européens, & ce n'est qu'en
France que l'on peut dire qu'ils ont com-
mencé à s'en corriger. Quelle plus forte
prétention, que celle d'assujettir tous les
individus d'une même société à ne voir
qu'une seule & unique manière de culti-
ver les sciences, de compter pour autant
d'hérésies les opinions d'un particulier,
qui, voulant user de sa raison, s'élève au-

deſſus d'un préjugé monachal , ſurtout quand on ne s'écarte point du reſpect dû à la religion & à ſes dogmes , quand on n'agite que des matières ſur leſquelles il eſt permis à l'eſprit humain de s'égayer.

[14 *bis.*] Le parallèle , ſans être d'une rigoureuſe exactitude , eſt aſſez juſte dans plus d'un article , pour apprécier les vûes de ce ſavant Jéſuite.

[15.] Je n'ai jamais pû croire qu'il ait exiſté ſur la terre des hommes aſſez ſtupides , pour croire ſermement que la plénitude de la divinité pût réſider dans le bois , la pierre , les reptiles ou même les élémens. Peut-être ſuis-je dans l'erreur.

[16] Je ne ſçaurois approuver les ironies , dont quelques Auteurs proteſtants ſe ſont ſervis pour décrier le culte des Catholiques : quand la diſtribution des dignités eccléſiaſtiques chez les Japonnais ſerait ſemblable à celle du Clergé de l'Egliſe Romaine , qu'en réſulterait-il de défavorable à une Communion de laquelle ils ſont ſortis , & qu'ils ont toujours vertement calomnié , en confondant les abus qu'elle réprouve , quoiqu'elle ne les corrige point toujours, avec les choſes qu'elle

conferve intactes depuis fon origine ? Et
fi l'on voulait fe permettre des réflexions
fatyriques fur le culte décharné des Pro-
teftants , n'y trouverait-on pas matière
à rire ? Cette attention affectée de leurs
Hiftoriens à mettre fans cefle en parallèle
le Pape & le Daïro fe reffent beaucoup de
l'intolérance dont ils fe difent cependant
les ennemis irréconciliables.

[17] Ces vertus ont une teinture de
la dureté romaine que l'on a tenté
plus d'une fois d'habiller en perfection ,
en fublimité , en héroïfme. La douceur ,
l'affabilité , la complaifance , ne paraif-
fent encore qu'ébauchées dans la Grande-
Bretagne. Comme elles ne font point re-
latées dans la *grande charte* , on ne leur a
pas encore donné le droit de bourgeoifie.
Les Miniftres , dit-on , & furtout Mylord
N. travaillent à leur faire obtenir ce beau
privilège.

[18] Cette liberté a la propriété fingulière en Angleterre de plaire , de char-
mer , abfente comme préfente. Elle triom-
phe de tout , excepté des impôts , des
féductions , des intrigues , des ordres arbitraires , & c'eft dans doute pour l'affer-

mir sur une base solide que l'on a porté des coups si violents à *l'Habeas corpus*. C'est pour lui donner plus d'énergie que l'on a appellé des Troupes Etrangères pour massacrer ces imbéciles Anglo-Américains, qui se défendent avec patience & courage , & préferent l'esclavage à cette brillante liberté en vertu de laquelle les paysans de la Grande-Bretagne laissent leurs terres en friche , & vendent pièce à pièce les biens qu'ils possédaient trop librement.

[19] Depuis l'expulsion du Christianisme de leurs Isles, les Japonnais ont constamment suivi leurs anciennes superstitutions. Depuis que le chaste Henry VIII. a chassé de ses Etats le Catholicisme , les Anglais ont eu assez de fermeté dans leur croyance pour ne la changer que cinq fois ; & aujourd'hui dans la crainte qu'on ne les accuse d'être volages, ils ne croient plus rien : je me trompe , il y a chez eux un si grand nombre de systêmes religieux, qu'on ne peut les taxer de n'avoir point de religion.

[20] Toutesfois avec cette différence ,

que l'Anglais traine souvent dans la boue ces droits sacrés, & se moque dans la pratique de ce qu'il étale avec faste dans une théorie qui enrichit les Libraires.

[21] Malbranche, Arnaud, Pascal, Bayle, n'étaient point Anglais, & ils n'ont point eu, que je sache, de supérieurs en Angleterre. Young lui appartient en entier ; mais je ne sais si les Traducteurs Français ne l'ont point perfectionné.

[22] Mais cette liberté de penser & d'écrire dégénère souvent en licence, il faut donc lui donner des bornes. Elle n'en a pas à Londres, aussi voyons-nous de charmants pamphlets succéder aux lumineux écrits des plus célèbres Athées de l'Angleterre.

[23] Les Hollandois sont de bonnes gens, pour qui les cérémonies de l'Eglise catholique sont indifférentes ; mais l'impiété qu'on leur suppose, est d'autant plus mal-adroitement controuvée, qu'on sçait par une plus longue expérience, que pour se ménager la liberté du commerce, ils ne choquent jamais les Na-

M

tions Européennes. S'ils eussent conseillé
cette atroce impiété, les Princes Catholiques les en auraient fait repentir.

[24] Peut-on ignorer que la Porte Ottomane met à d'humiliantes épreuves les
Ambassadeurs des Princes Chrétiens. Le
Roi de France est celui que le Turc res-
pecte plus sincèrement ; cependant je
tiens d'un témoin oculaire, que quand
notre Ambassadeur demande une audience
du Visir, & lorsqu'il l'a obtenue, le
Ministre Musulman se fait longtemps attendre ; arrivé dans la salle, il s'étend
sur un canapé, & fait donner un fauteuil
à l'Ambassadeur. Tandis que celui-ci
parle, demande ou se plaint, ce second
Turc de l'Empire compte & arrange les
poils de sa barbe, répond par un signe
de tête, prend du sorbet dans une tasse
d'or, & en fait présenter à l'Ambassadeur dans une tasse d'argent, se lève,
fait une médiocre inclination, & s'en
va.

F I N.